BELTZ
& Gelberg

CIP-Kurztitelaufnahme der Deutschen Bibliothek

Waechter, Friedrich Karl:
Opa Hucke's Mitmach-Kabinett / Friedrich Karl Waechter. - 3. Aufl.,
26. - 35. Tsd. - Weinheim ; Basel : Beltz und Gelberg, 1981.
ISBN 3-407-80579-9

3., im Einband veränderte Auflage, 26.–35. Tausend, 1981

Programm Beltz & Gelberg, Weinheim
Einband und Schutzumschlag von F. K. Waechter, Frankfurt
Layout und Typographie von Juergen Seuss, Niddatal
Gesetzt aus der Korpus Times (Linotype)
Reprographie Graphische Kunstanstalt Paja-Klischees, Frankfurt
Gesamtherstellung Beltz Offsetdruck, 6944 Hemsbach über Weinheim
Printed in Germany ISBN 3 407 80579 9

Opa Hucke diskutiert mit Herrn Kneisel
Hör mal zu, mein Lieber, In einem Buch darf nicht gemalt, geklebt geschrieben, gefaltet und geschnitten werden
Und ein Fettfleck in einem Buch ist ein Graus
Aber dies ist ein Buch, in dem Soll gemalt, geklebt geschrieben, gefaltet und geschnitten werden
Und sogar ein Fettfleck Soll hinein
Aber warum ?
Damit es noch schöner wird
Das versteh' ich nicht

Frankfurt, 19. 8. 75

Liebe(s)  ,

Herr Kneisel versteht nicht, was Opa Hucke sagt.⊗ Dabei ist es ganz einfach. In diesem Buch sind Bilder, Comics und Geschichten nicht ganz fertig. Du sollst sie fertig machen – mit Farben, Stiften, Schere, Klebe und auf viele andere Arten mehr.

Opa Hucke hat recht. Das Buch wird schöner, wenn Du es fertig machst. Was ich mache, wird gedruckt. Was Du machst, ist echt und kann nie so schön gedruckt werden: ein Fettfleck etwa oder ein eingeklebtes Buchenblatt oder ein Loch, das Du mit einem Nagel in eine Buchseite bohrst.

Hier hab ich ein Loch mit einem Nagel gemacht ↘

Es ist fotografiert und gedruckt worden. Du kannst ein besseres, echteres, schöneres Loch machen, stimmt's?

Aber, was das Wichtigste ist, Du bohrst das Loch nicht irgendwo ins Buch, nur damit sich Herr Kneisel ärgert, sondern dahin, wo zum Beispiel ein verrückter Jäger mit seiner Flinte hinballert, oder wo ein Stern blitzen soll, damit ein Bild fertig wird. Es wird ein einmaliges Buch. Du wirst sehen.

Viel Spaß,

Fritz

←Das ist ein Schnrpl. Aus einem Schnrpl* lassen sich viele Sachen machen, wenn Du den Schnrpl weiterzeichnest

* auf der Seite 43 gibt's ihn noch sechs mal

⊗ auf Seite 5

Was denkst du wohl, was in mir steckt?

Das Krokodil hat den Löwen in den Schwanz gebissen
Du kannst ihm ein bißchen helfen –
wenn du einem Löwen helfen magst, dem der Schwanz weh tut.

Im Gelände
des Frankfurter Osthafens
landet ein unbekanntes Weltraumwesen
in einer gläsernen Kapsel

Der rote Gaul
Ein Märchen von dir mit einem Anfang von mir

Es war einmal, vielleicht in einem Jahr, da sah ich am Ende unserer Straße einen roten Gaul in einer Parklücke stehen, der ging ganz langsam in die Knie. »Das Pferd ist krank«, dachte ich, »es kann sich nicht mehr auf den Beinen halten.« Doch als ich näher hinsah, blinzelte es mich so lustig an, daß ich verstand: Das Pferd war in die Knie gegangen, damit ich leichter auf seinen Rücken klettern konnte. Als ich oben saß, trug mich der Gaul durch die graue Vorstadt und ihre stinkende Abendluft ins freie Land.
Mein Pferd wurde schneller. Ich krallte mich in seiner langen Mähne fest. Wir galoppierten einem steilen Berg entgegen, nahmen Anlauf, um hinüberzuspringen.
Der Sprung war zu gewaltig für mich, die roten Pferdehaare flutschten durch meine Finger wie Wasserstrahlen. Nichts hielt mich mehr.
Mein tolles Pferd sprang über den Berg.
Ich aber landete zu seinen Füßen an einem Bach, der murmelte: »Für jedes Mähnenhaar, das du ins Wasser wirfst, soll sich ein Wunsch erfüllen.«
Ich schaute in meine Hände...

Springstuhl

Henkeltöpfchen für die ganze Familie

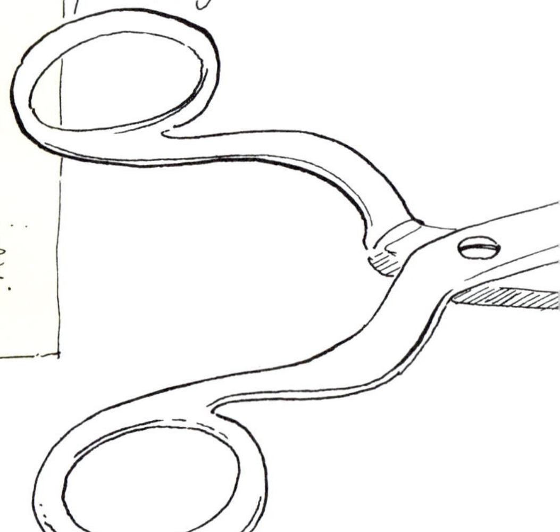

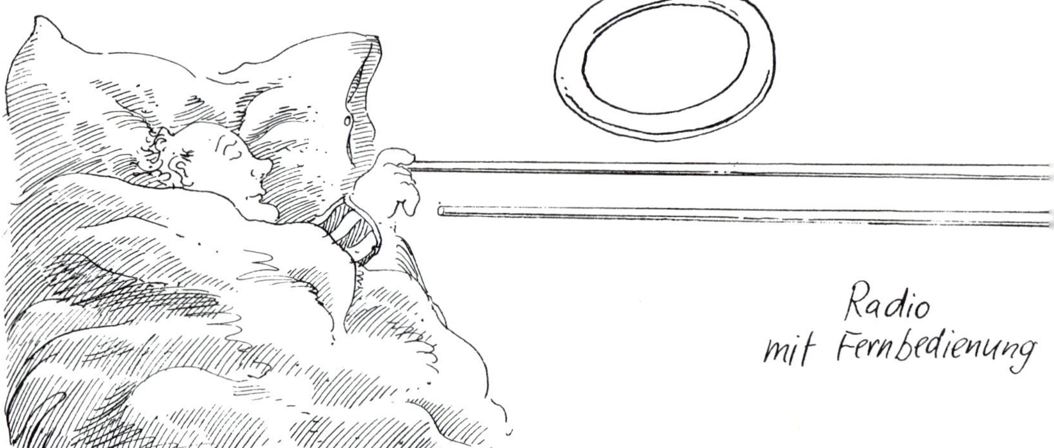

Radio mit Fernbedienung

Flugjacke
Fernsehstuhl
Mäuseschere
Eieruhr
Dunkelbirne
(für allzu
helle Tage)

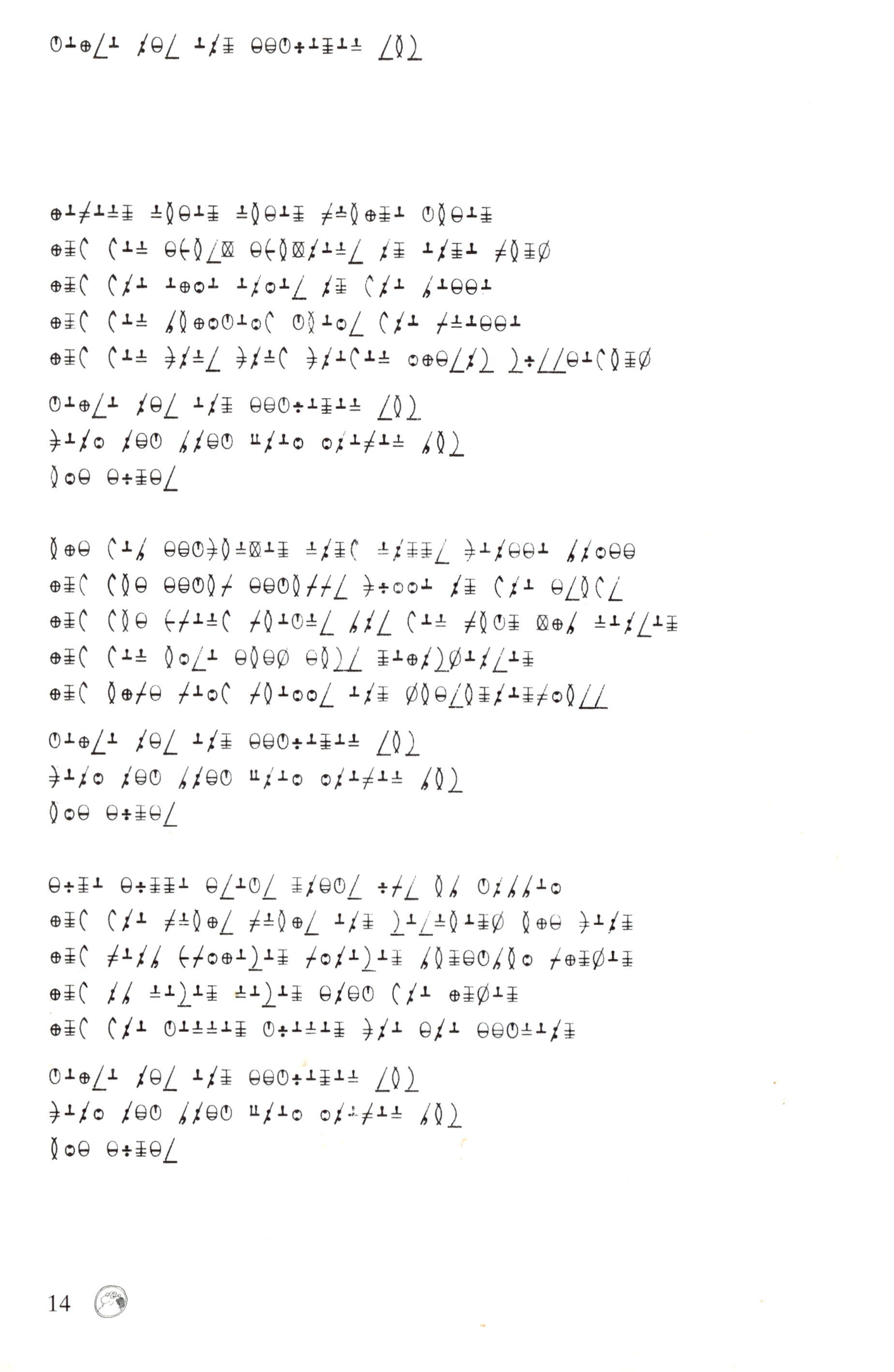

Opa Hucke
in
Der Abfälscher
Wer war das ?
Raus mit der Sprache
Ich war das. Also, das kam so...
Robert war auf dem rechten Flügel durchgebrannt und
hatte mich ausgetrixt.
Ich hinterher, und grad wie
Robert zum Schuß ansetzt,
Klirrr!
komm ich dazwischen, kann den Ball mit letzter Kraft ...
.. abfälschen und ein totsicheres Tor verhindern
Und das in Ihrem Alter

DIE ABENTEUER DES
Der kurzsichtige Biber Paul wandert den ganzen Tag
und die ganze Nacht und kommt schließlich an
ein Wasser. Im Flüsse-überqueren ist Paul Meister.
Er nagt am Ufer einen Baum so lange an, bis dieser
krachend quer über das Wasser stürzt. Nun kann Paul auf
seiner Selbstgebauten Holzbrücke zum anderen Ufer hinüber.
Weil Paul kurzsichtig ist, merkt er gar nicht daß das Wasser diesmal
kein Fluß, sondern das Meer ist und das andere Ufer nichts anderes
als ein großer Fisch. Paul wandert über den Rücken

KURZSICHTIGEN BIBERS PAUL
des Fisches und wundert sich, daß das Land unter ihm schaukelt.
Der Fisch schwimmt mit Paul auf dem Rücken davon
Als sie fast in der mite des Meress angekommen
waren, wolte der Fisch Untertauchen
Da kam aber plötslich Ein Fischerboot an
Paul retete sich grade noch auf das Boot
Paul fuhr mit dem Boot davon
Sie kammen im hafen an
Da entekte der Fischer Paul. Und Paul Lebt bei im

KARPFENTEICH

Die Hasen rasen über den Rasen

Mich hemd mein allzu kurzes Hemd

Der Bauer ferd mit Pferd und Wagen

Der Felsblock feld aufs Feld

Immer mer kamen aus Mer

Die Milch ______ aus dem ______

Das ______ dem ______ zu bunt

Ich ______ die ______

F. Lindner.

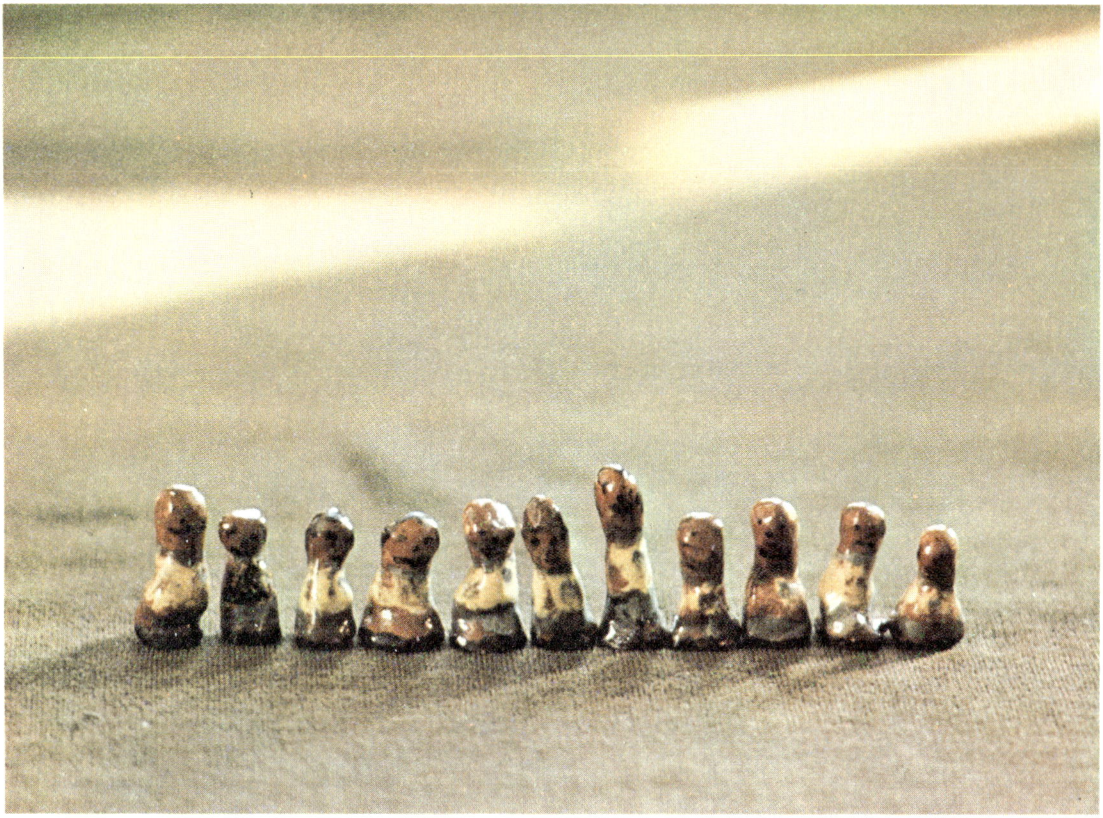

Das ist Eintracht Frankfurt. Robert hat diese Mannschaft aus Ton geformt und bemalt. Es sind von links nach rechts: Grabowski, Wienhold, Reichel, Körbel, Hölzenbein, Nickel, Neuberger, Kraus, Wenzel, Krobbach und Weidle.

Ein Tischfußballspiel zum Selbermachen

Das Spielfeld ist eine Papp- oder Holzplatte (ca. 100 x 70 cm). Die Tore sind Zigarettenschachtel-Deckel oder ähnlich große Kästchen. Die Spieler sind je 11 Menschärgerdichnicht- oder ähnlich große, glasierte Tonfiguren. Der Ball ist ein kleinerer Flohhopser und wird so geschossen:

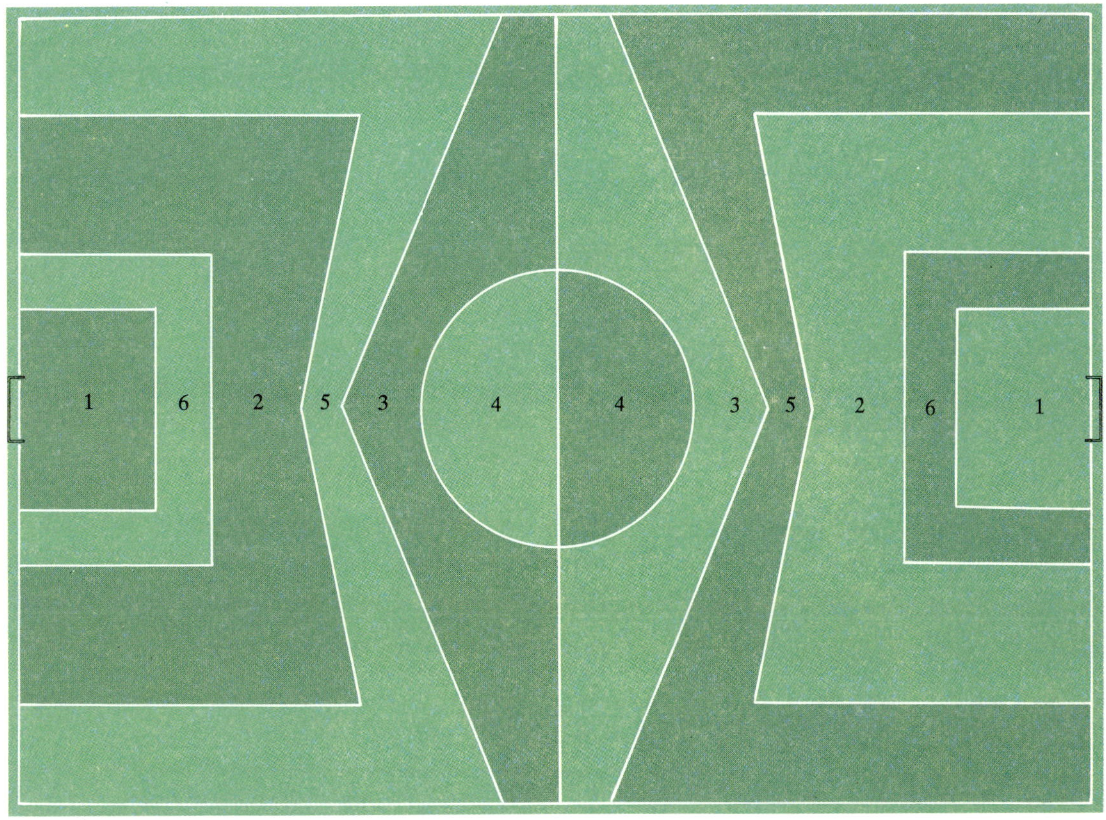

Das Spielfeld hat hell- und dunkelgrüne Felder. Die eine Mannschaft spielt den Ball nur auf den hellgrünen, die andere nur auf den dunkelgrünen Feldern.
Jeder muß also so schießen, flanken und passen, daß der Ball nicht im Feld des Gegners landet, denn dann spielt der.
Landet der Ball auf der Grenze von zwei Farbfeldern, spielt die angreifende Mannschaft weiter, der Schuß muß aber vom eigenen Feld aus erfolgen, oft sind dann Rückpässe notwendig.
Der Torwart (1), die fünf Verteidiger (2), die beiden Mittelfeldspieler (3) und der Verbinder (4) bleiben in ihrem Feld. Nur einer der beiden Stürmer (5) kann ins vorderste Feld (6) vorrücken, wenn er die Verteidiger umspielt und den Ball dorthin geschossen hat. Bei jedem Schuß der angreifenden Mannschaft kann die verteidigende einen Verteidiger und den Torwart in eine günstigere Abwehrposition stellen.

Wrm
sll ch ncht
mt vllm
Mnd
sprchn ?

Man mußte noch mal
zwanzig sein und mal
und irgendwo
Wiesenrain ver-
gessen die Zeit.

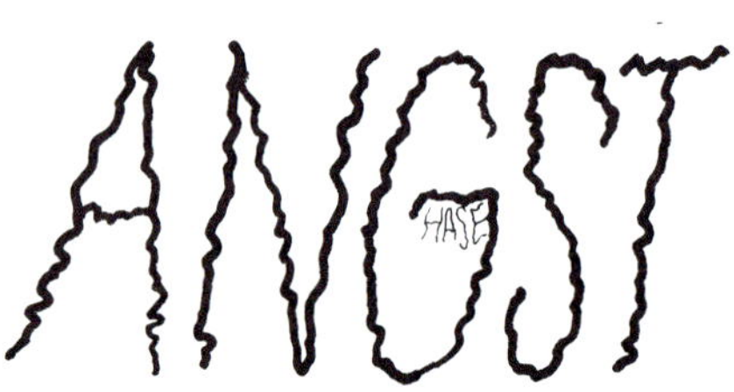
ANGST
HASE

DER STURM

Heili GABEN d

DAVI

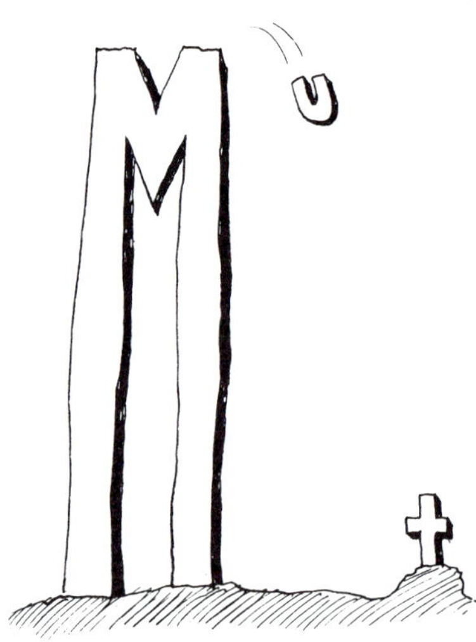

Fuchs

Liebes

Rotkäppchen

Es war einmal ein Wolf, der hatte schwarze Füße, einen schwarzen Leib, einen schwarzen Schwanz und einen schwarzen Kopf. Nur hinter den Ohren war er ein wenig rot, und deshalb nannten ihn alle Rotkäppchen.
Eines Tages rief ihn seine Tochter: »He, Rotkäppchen, hier hab ich ein Stücklein Wein und eine Flasche voll Kuchen, geh und bring das dem Großpapa, der ist kerngesund und ärgert sich bestimmt darüber. Aber lauf schön durch den Wald und komm nicht auf den Weg, auf dem das kleine, dicke Mädchen spazierengeht, du wirst dir sonst den Magen an ihm verderben.«
Da machte sich Rotkäppchen auf den Weg zum Großpapa.
Wie es aber so durch den Wald tappte, dachte es bei sich: »Was soll ich hier durch die Blumen stolpern, wenn es auch eine schöne Straße gibt«, und sprang auf die Straße.
Doch kaum hatte es das getan, da kam auch schon das kleine dicke Mädchen daher und sprach: »Grüß dich, Rotkäppchen, wohin des Wegs?« »Zum Opa, Kuchen und Wein bringen, weil er noch so gesund ist.« »Ah«, sagte das kleine, dicke Mädchen, das auch noch gern dem Opa den Magen verdorben hätte, »wo wohnt denn dein Opa?« »Noch eine schlechte Viertelstunde die Straße hinunter«, sagte Rotkäppchen.
»Schau«, rief da das kleine, dicke Mädchen, »die vielen schönen Steinchen auf der Straße, geh und sammle dem Großvater dein Schnupftüchlein voll, das ärgert ihn auch.«
Das leuchtete Rotkäppchen ein, und es begann zu sammeln.

›Jetzt soll ich auf die Lichtung treten und röhren‹, sagte die Sau, ›und wenn mich der Baron erschießt, machen sich die anderen Jäger in die Hose vor Vergnügen, diese Schweine!‹ ›Mensch, komm mit mir‹, sagte die Maus, ›was Besseres als den Tod hab' ich jederzeit übrig für dich.‹

Warum heißt der Apfel Apfel?

Weil er vom Baum apfelt.

Warum heißt der Held Held?

Weil er den Feind in Atem held.

Warum heißt das Schaf Schaf?

Weil es schöne Pullover schaft.

Warum heißt der Spatz Spatz?

Weil er durchs Gebirge spatziert.

Warum heißt der Sack Sack?

Weil er dummes Zeug sackt.

Warum heißt die Zange Zange?

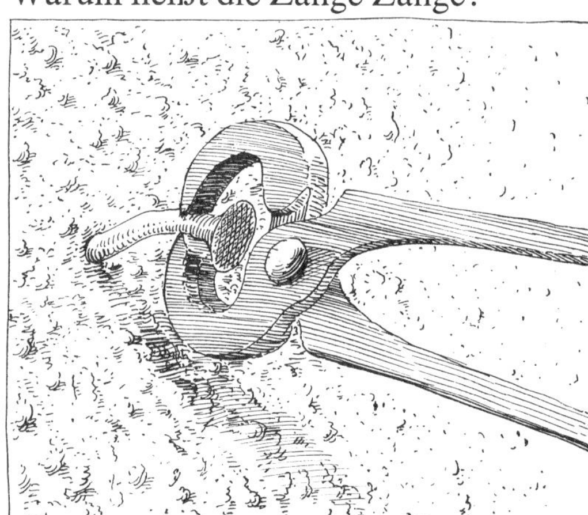

Weil sie sich mit dem Nagel zangt.

Warum heißt der Saubär Saubär?

Weil er sich so saubär hält.

Warum heißt die Gans Gans?

Weil sie gans besoffen ist.

Warum heißt der Clown Clown?

Weil sie ihm die Hose clown.

Warum heißt die Leiter Leiter?

Weil sie leiter morsch ist.

Warum heißt die Sonne Sonne?

Weil sie sonne Hitze ausstrahlt.

Warum heißen Bär & Tiger Bär & Tiger?

Weil einer bärtiger als der andere ist.

BUNDESPOSTMINISTERIUM

5300 Bonn

Kaiser-Wilhelm-Straße 103–107

Sehr geehrte(r) Frau, Herr,
wir haben uns entschlossen, eine Briefmarke zum Tag des Kindes herauszubringen, und würden uns sehr freuen, wenn Sie die Gestaltung dieser Briefmarke übernehmen könnten. Da Sie ja selbst noch ein Kind sind, werden Sie besser wissen als wir hier im Postministerium (wir sind alle Erwachsene), wie eine Briefmarke zum Tag des Kindes aussehen soll.
Wir hoffen sehr, daß es Ihre Zeit erlaubt, diesen Auftrag anzunehmen, und verbleiben mit vorzüglicher Hochachtung

Ihr

Anlage: 1 typographisches Entwurfsmuster

Deutsche Bundespost
50
TAG DES KINDES

Philip meint, daß
Opa Hucke
zu spät
aufsteht
Was hast du schon wieder vor?
Ich muß das Opa Hucke zeigen
Opa Hucke
Philip
Ich werd' verrückt, der erste Schnee
Da
Zeig mal her
Da
Pfui Teufel! Raus mit dem Dreckmatsch! Aber Schnell
meinst du, ich will alles doppelt und dreifach putzen?
Später
Philip, was ist denn?
Nix

Die beiden Ecken
dieser Seite
sind vertauscht
(die obere sitzt jetzt unten
und die untere oben)
das hat

____

besorgt

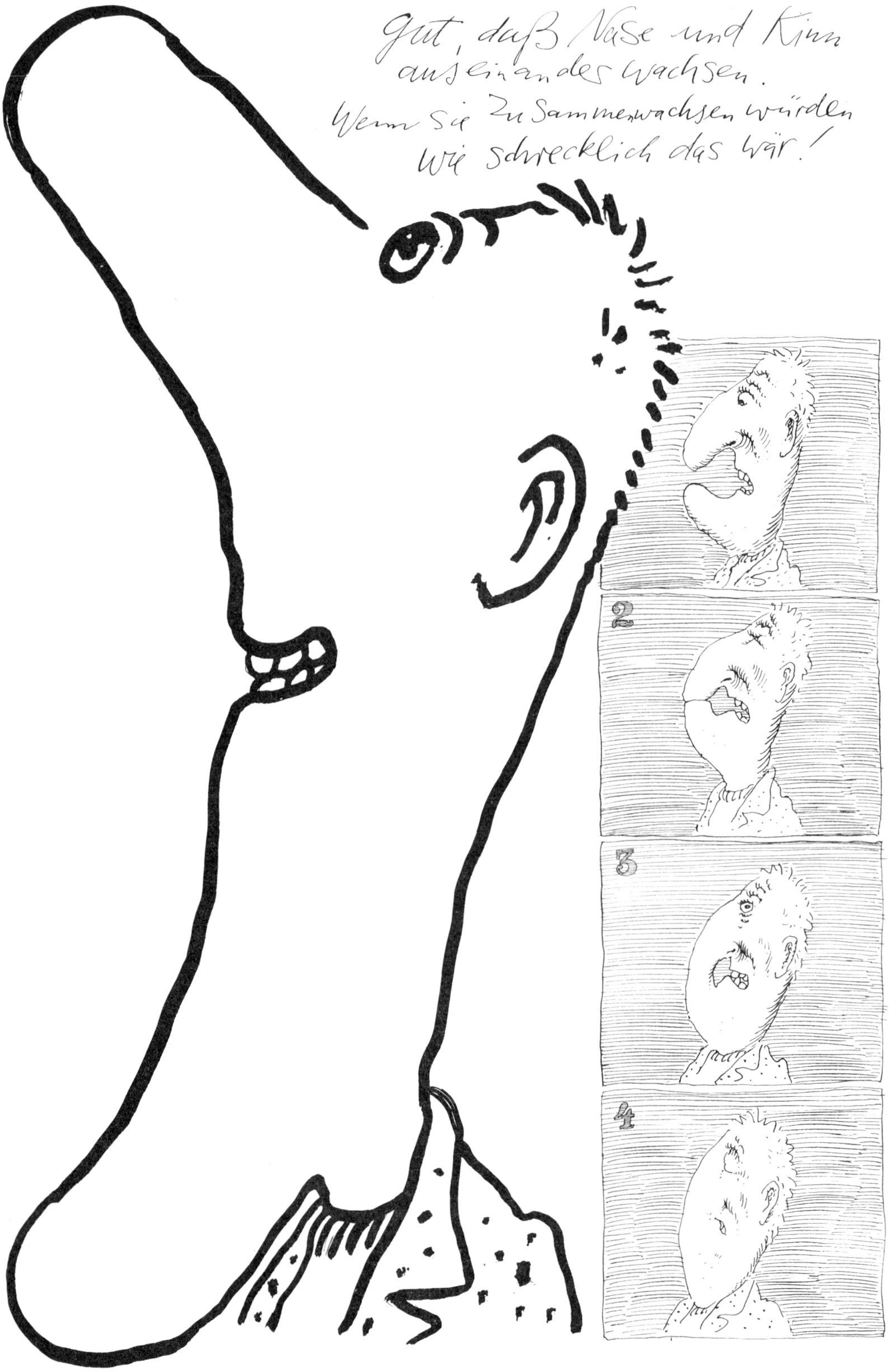
Gut, daß Nase und Kinn auseinander wachsen.
Wenn sie zusammenwachsen würden
wie schrecklich das wär!
2
3
4

6 Schnrpl

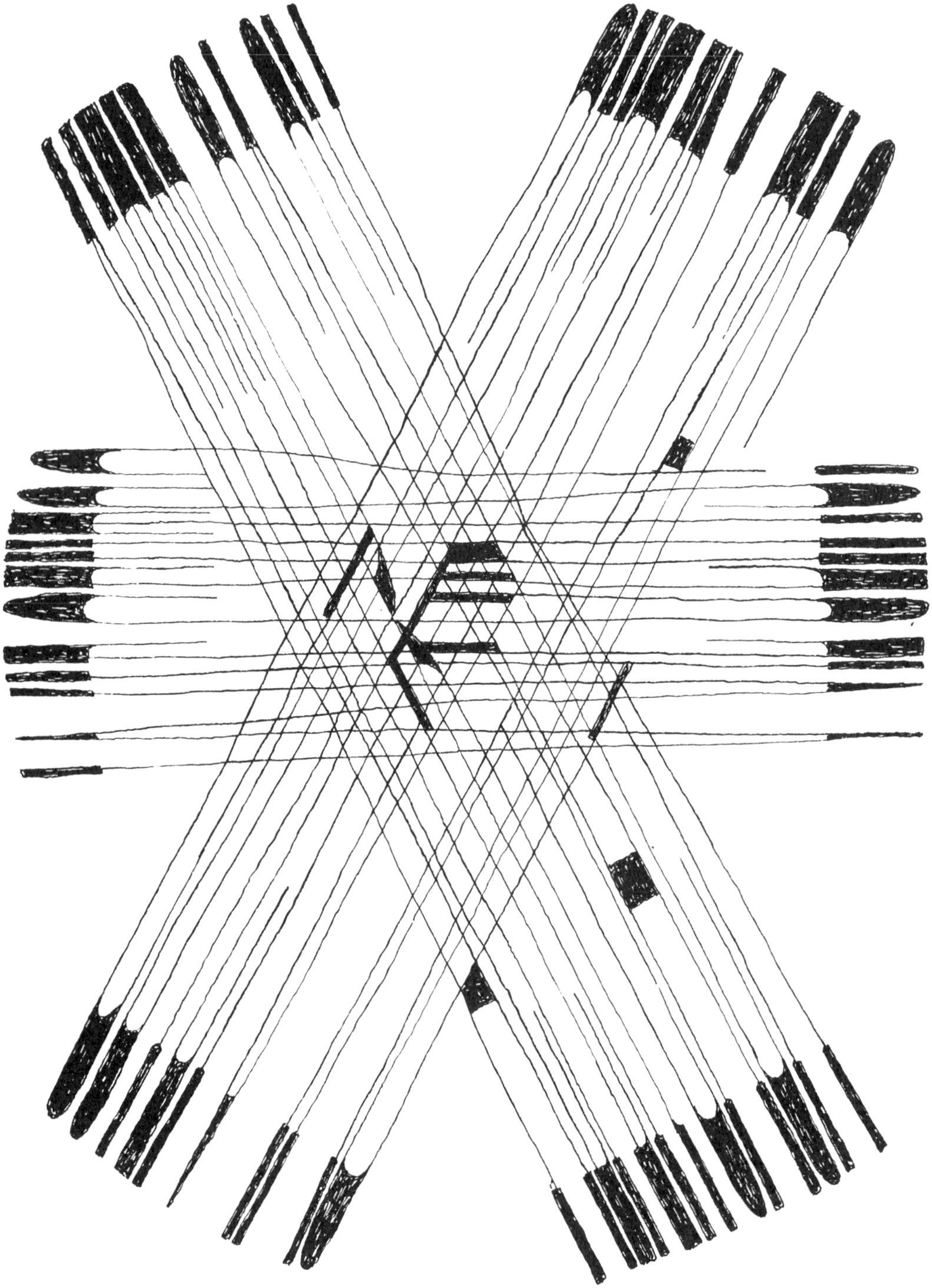

Der Kampf mit dem Drachen

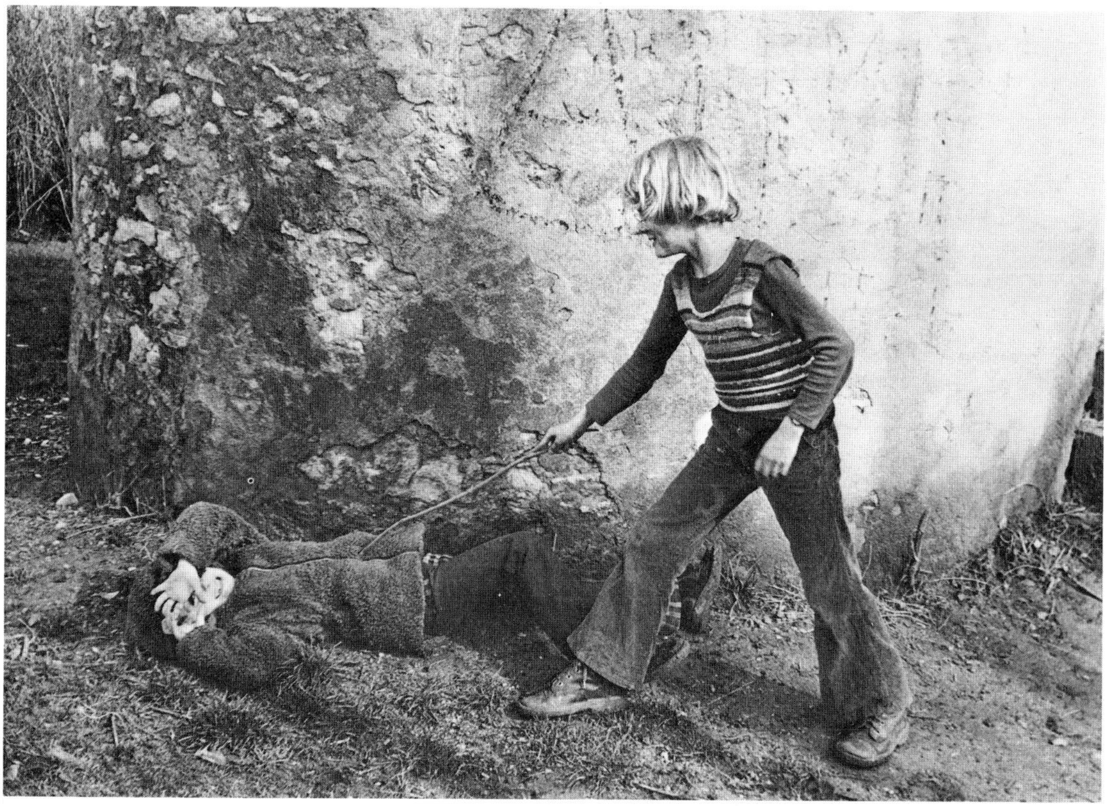

Moritz streift die Tarnkappe über und öffnet langsam die Tür. General Bankratz sitzt mit vier seiner Offiziere vorm Fernseher und schaut Fußball. Jens haben sie eingesperrt. Die Dielen knarren bei jedem Schritt. Nur wenn der Sportreporter lärmt, die Platzherren stürmen und die Offiziere mitschreien, kann Moritz voranschleichen. Wie er sich in dem Raum genau umschaut, entdeckt er zu seiner höchsten

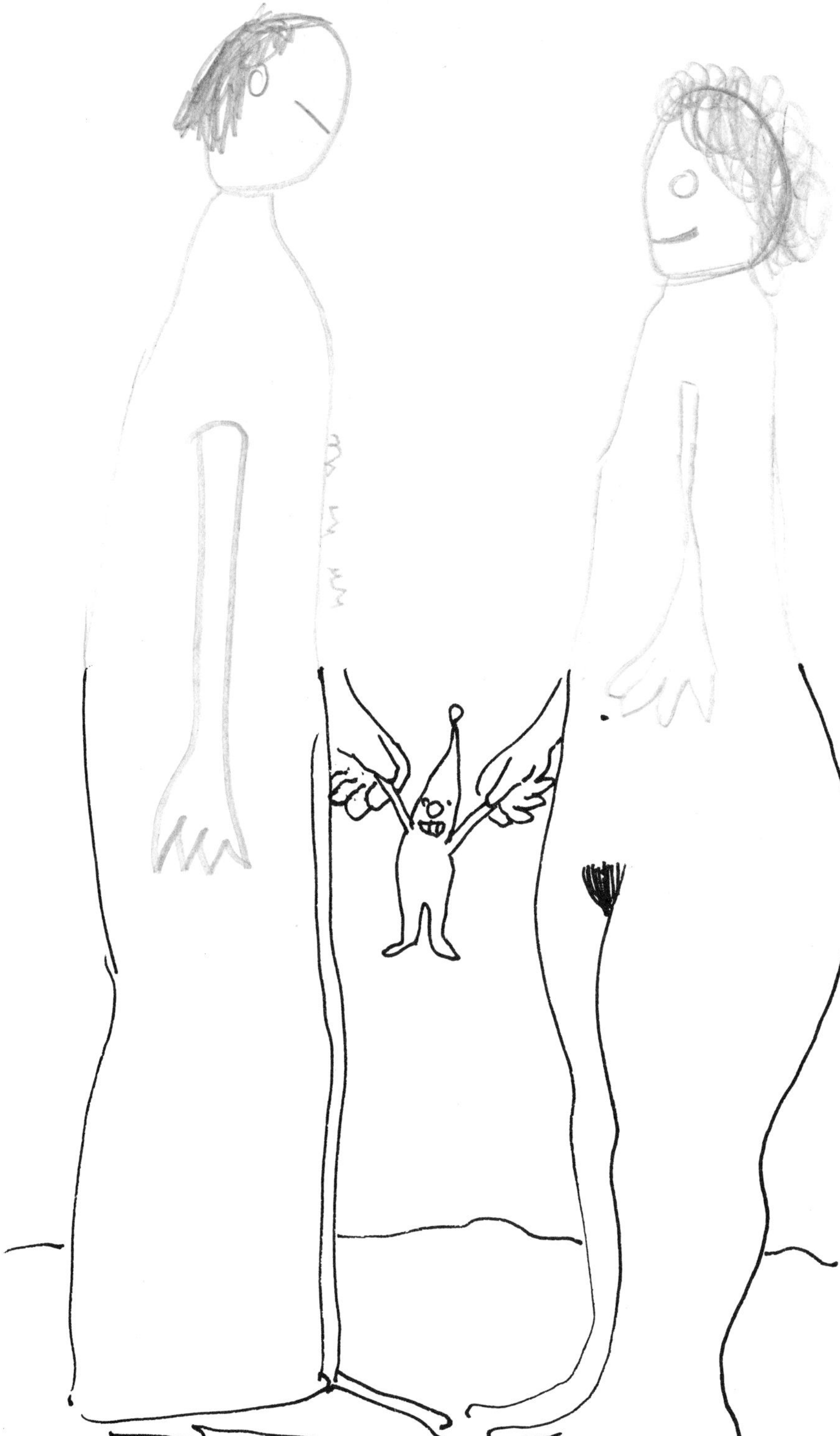

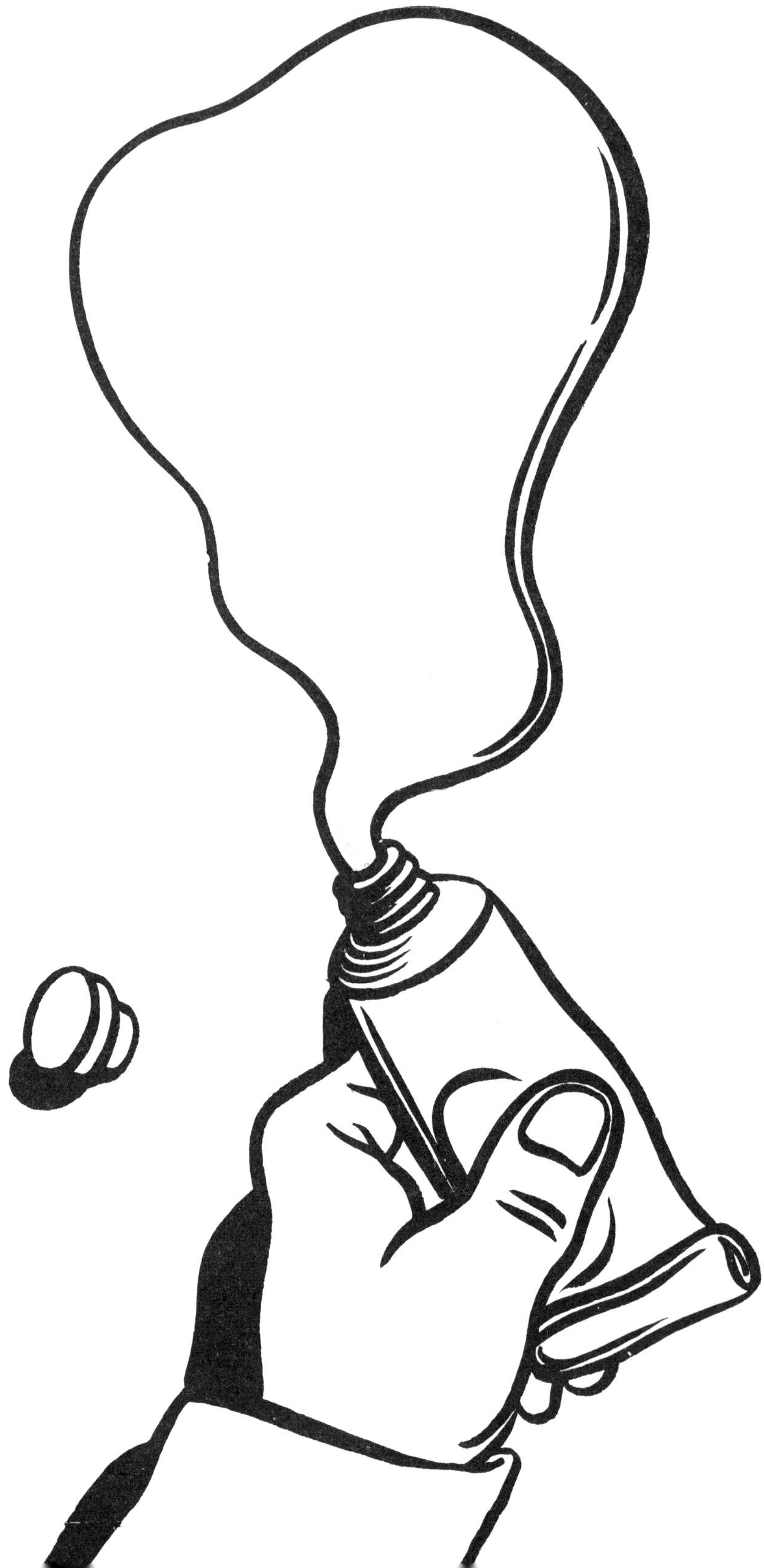

F.Hoyet

Der Fettfleck

ein Kunstwerk von

Frank Nollo

Nach dem Regen

Ein engedicht

Ein der geht ü n g
und stößt auf einen -Zwerg,
dem gibt er einen Stü –
'ne in wär ihm lie –
da zau t sich der -Zwerg
in einen S , fliegt vom g,
das macht den n nur trü
für ihn ist dieser
ein her Spielverder

Gibt es einen lieben Gott?

Im J i r in bunten Sch
gelrunde ckseier,
Pf n r n K ebohnen,
und die B fährt S e r ,
a Leinewe s bel
zt mit ter durch den d,
N n bl n Blumenv n,
K en lassen tsel gnen:
W e K e stehn im St en?
Wer ft fner aufs ott?
Rutscht ein Pf den M hin er?
Gibt es einen lieben Gott?

Es war einmal ein Hund, der mußte pinkeln.
Weit und breit war kein Baum zu sehen.

Da lief er auf einen Berg.
Von dort aus sah er ganz hinten

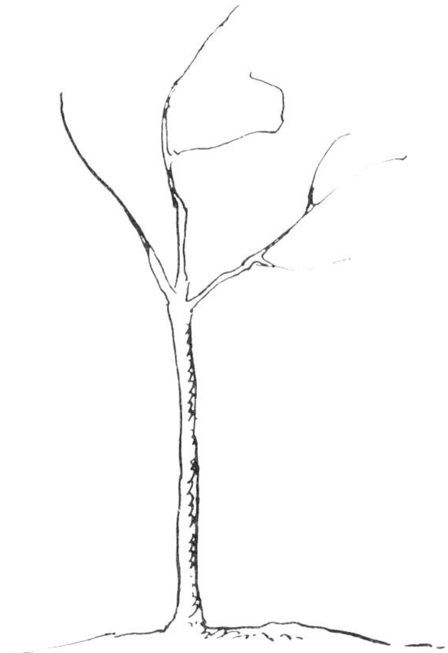

einen kleinen dürren Baum.
Zu ihm lief der Hund hin und

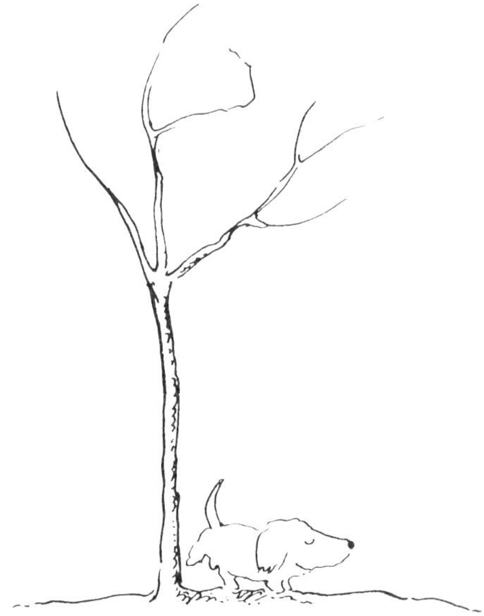

pinkelte. Als er gepinkelt hatte,
wuchs dem kleinen dürren Baum

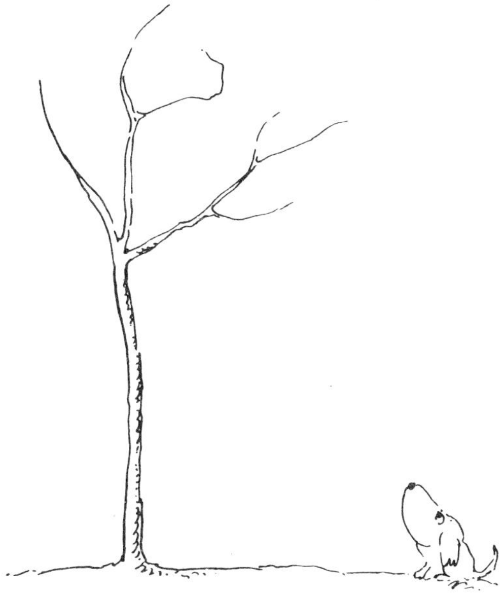

ein Blatt. Jedesmal, wenn nun der Hund
pinkeln mußte,

lief er zu dem kleinen dürren Baum,
und jedesmal wuchs ihm

ein neues Blatt. Und so sieht der Baum aus,
nachdem ihn der Hund 11 mal angepinkelt hat.

Opa Hucke
trifft Hanne
und Herrn Bratzl
Im Treppenhaus
wenn ich früher so die Treppe runtergehopst wär, links und rechts hätt ich paar bekommen
Ja, früher! Heute müssen Sie's machen. Schauen sie
es lohnt sich
Da bekommt man..
..weder links eine runter..
..noch rechts eine runter
Sie müssen es probieren. Es geht herrlich
PUMS

Auf diesem Blatt
in diesem Buche
klebt ein Buchenblatt

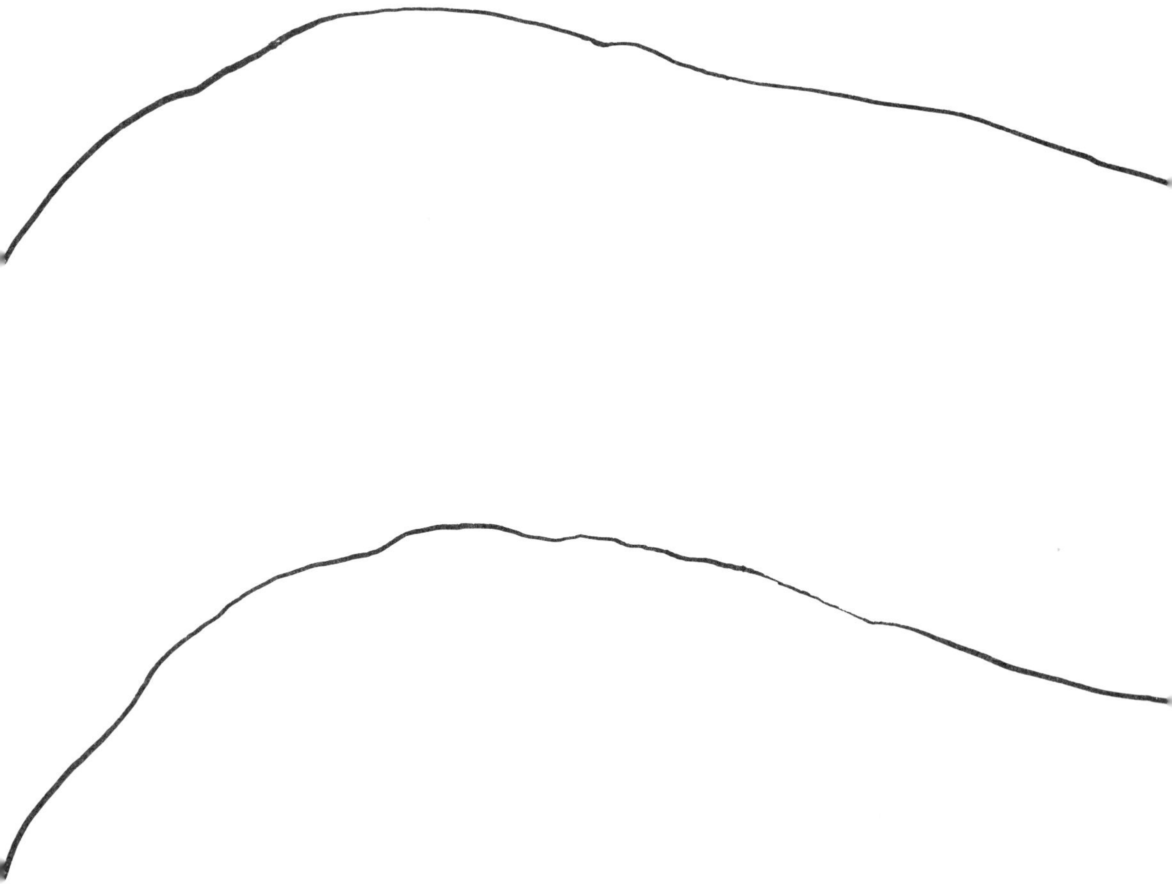

OPA HUCKE's
Mitn
KABI
nach-
NET
Nr.2

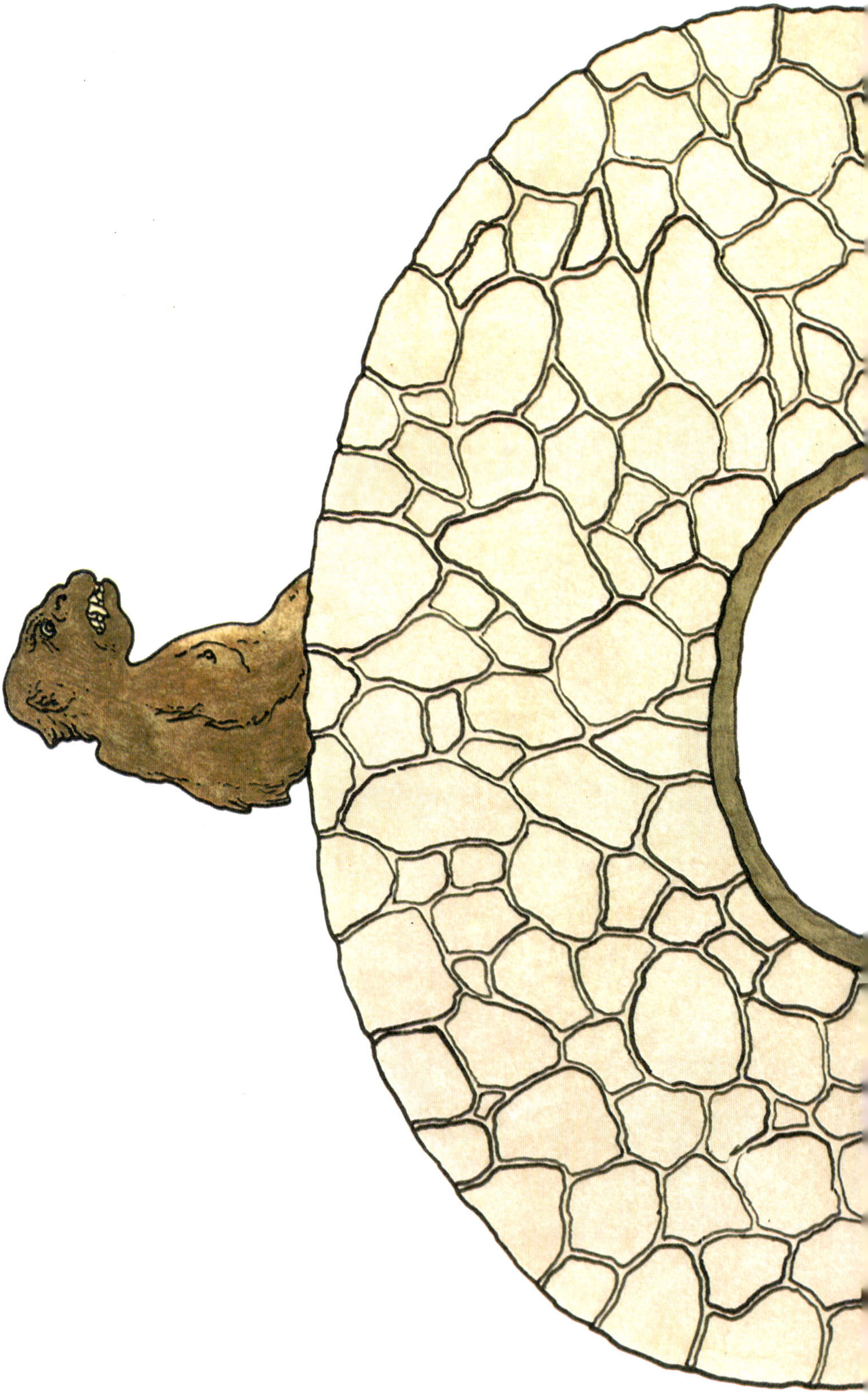

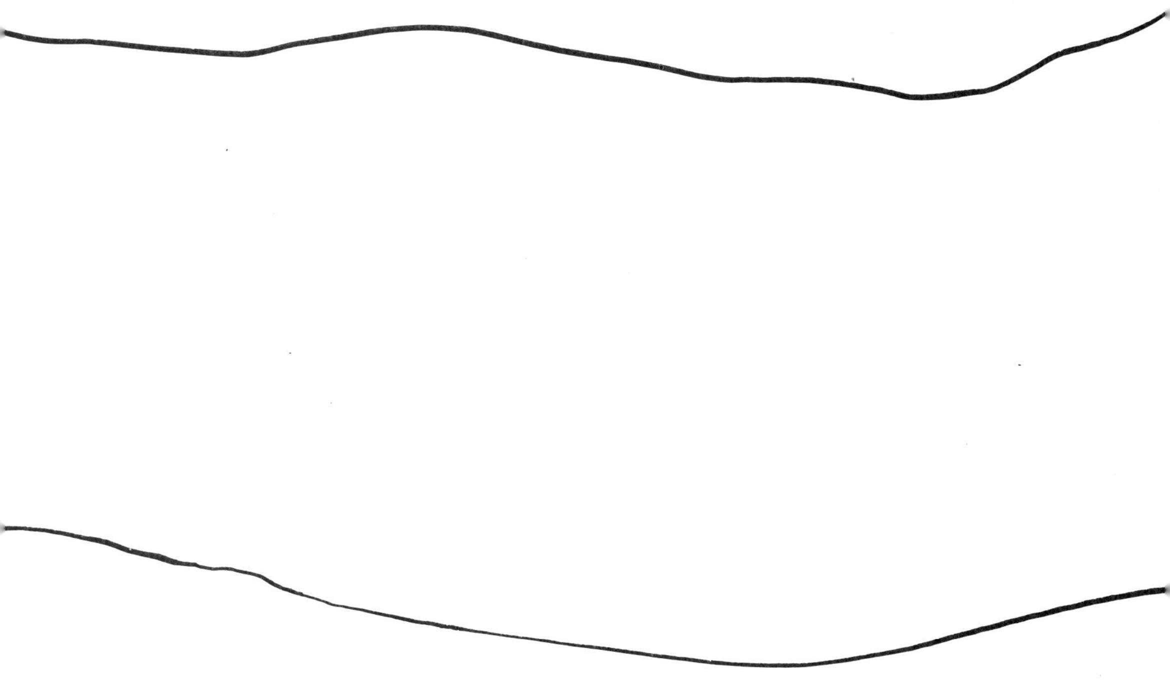

Weißt du, wer ich bin?

Der Büffel hinterm Weidenbusch

Der Löwe, der durchs Schilfgras kriecht

Das Nashorn, das die Steppe stampft

Der Eisbär, der die Robben riecht

Der Adler, der am Himmel schwebt

Der Otter unterm Mondenschein

Der Seebär, der im Strandsand döst

Der Pavian auf dem Felsenstein

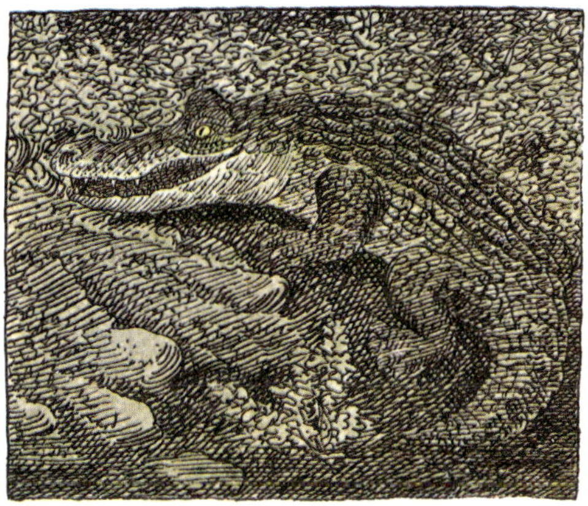

Das Krokodil im Uferschlamm

Der Tiger, der den Dschungel schreckt

Der Elefant im Steppenbusch

Der Braunbär, der den Honig schleckt

Der verrückte Jäger im Nebel

Im Nebel sieht der verrückte Jäger lauter Hasen und Hirsche, Fasanen und Füchse, Enten, Rehe und Wildschweine, obwohl es nur Baumstümpfe sind, harmlose Haselnußsträucher oder Fichtenzweige im Wind. Er ballert mit seiner Flinte drauflos, und der Pulverdampf mischt sich in den Nebel.

Sternenhimmel

WINTERABEND

OHNE 2FEL HABEN DIE 3STEN WAR10SCHWEINE MEINEN 9 KLA4HOCKER KAPUTTGEM8. M1T DU, DASS DENEN NOCH ZU H11EN IST ? 7EHMEN SICH WIE

SCHUTTABLADEPLATZ

Dies ist eine

______________________________ beere

gewesen

Ich finde das zum Kotzen. Ich könnt vor Zorn zerplatzen.
Ich könnt vor Wut vergehen. Ich scheiß mir auf die Zehen.
Ich piß mir auf die Hacken. Ich muß vor Ärger kacken. Ich bin total ergrimmt.
Pfurzkanone, Schweinebohne, Hühnerdreck und Scheiß am Speck,
grobkarierter Ziegenmist, dreimal kräftig draufgepißt,
dudeldudeldu!

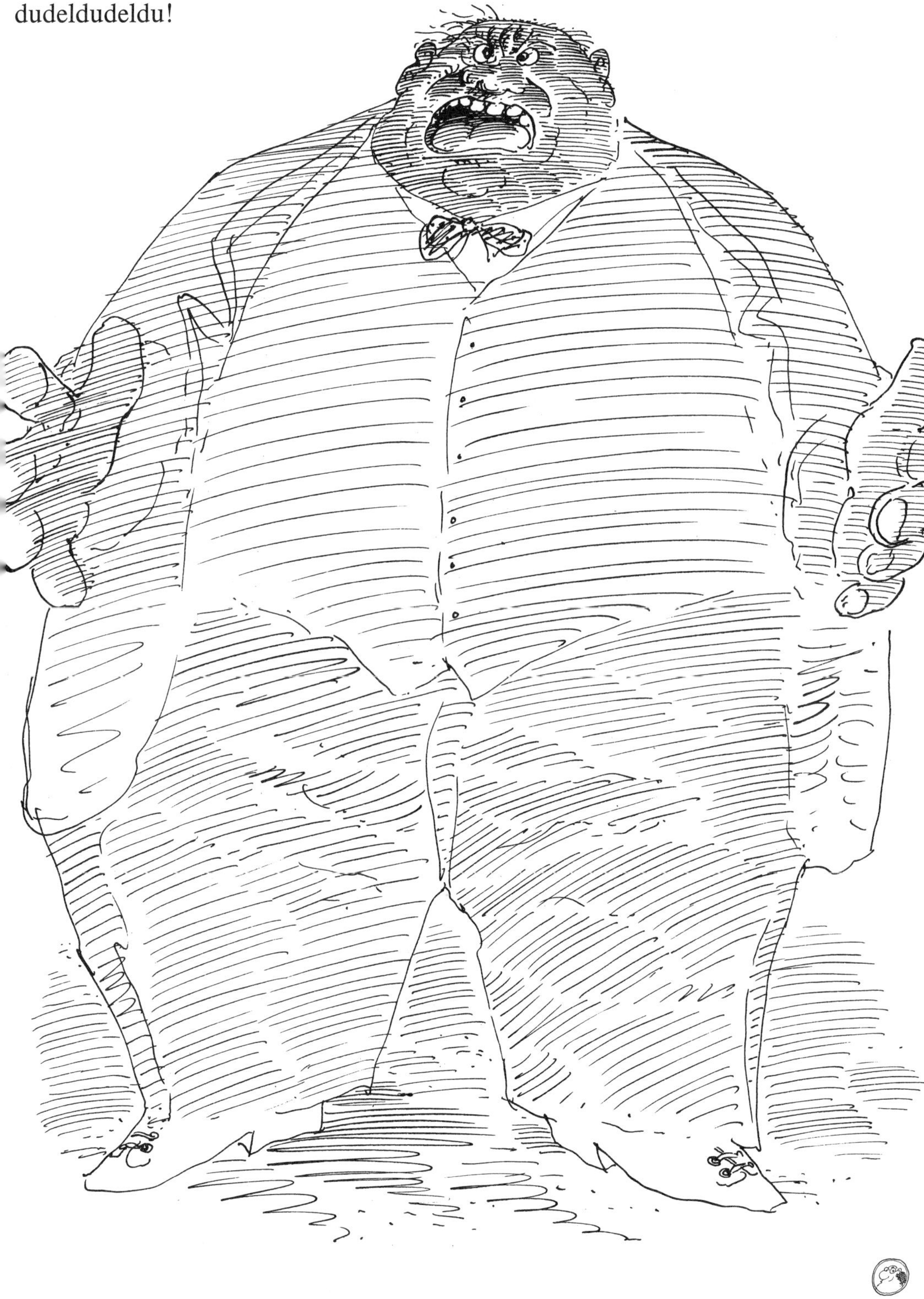

Opa Hucke
und Moritz in
Der Rotauge
Ich will aber so gern
Angeln verboten
Du weißt, daß Otto Pfannekuchen Tag und Nacht auf der Lauer liegt
Wir müssen sehr geschickt sein
Ein Schiffchen als Schwimmer. Das macht ihn arglos
Später
Ich glaub..
..ich hab Biß
Hol hinterm Boot ein - ganz ruhig
Merkwürdig
Ein wunderschöner Rotauge-schuppen, mit Salz und Zitrone einreiben und in Butter braten - da schmeckt er unheimlich gut
Später
Was habt ihr da im Beutel? Her damit, oder ich laß den Hund los
Aha. Da werden wir gleich mal die Polizei benachrichtigen.
Es ist sein 1. Fisch. Er ist um eine schöne Erfahrung reicher. Dich macht ein Rotauge nicht ärmer
Es geht ums Prinzip
Und Lothar Dreher holt einen nach dem andern raus
Wo?
Im Schilf
Wo denn?
Dabei kann Lothar Fische nicht ausstehen
Wo denn?
Den 1. Fisch nicht selber braten und futtern, ist Sünde. Das weiß selbst jeder vernünftige Polizist

Wald ist langweilig-
Nix als Bäume!
Stadt=Leben
BÄREN
lesen die:
BÄREN
ZEITUNG
bekannt
aus
Fink, Funk
und Fernse
Der Bär
hats schwer
wenner nicht
Orientierung
Achtten Sie
Der Bär ist mehr
in einem Mantel
von Pontel
Ein Leben lang
braun?
Muß das sein?

PANTEL
Wenn Sie ihr altes Ding in Zahlung geben…
Vor allem Sind Taschen drin
Ich gratuliere
Freizeit-Hemden
KASSE 2
PANTEL MODEN

Wer ist der entsetzliche Bygufow?

Wer ist dieser jenseits des Waldes geborene Unhold
der sich von jungen Kälbern nährt und rohen Eicheln
der Sohn einer irren Zigeunerin
der vom Felsen springt mit dem Schrei der Warzeneule
dem unschuldigen Wanderer in den Nacken
und sich von ihm tragen läßt durch Täler und Höhn
ihn zu Schanden reitet
durch die Dämmerung oft bis zum Rande der Stadt
wo die Straßenbahnen wenden
daß so ein Gerittener diesen Bygufow nie mehr vergißt
und ihm noch Tage später die Knie singen
es geht die Geschichte
von einem dem das Benzin ausgegangen
der ist mit seinem Kanister drei Stunden im Nieselregen gelaufen
und eine Tankstelle hat sich ihm nicht gezeigt
dem wuchs eine Wut im Gedärm
und als die ihn schon fast fertig gemacht
kam der entsetzliche Bygufow auch noch dazu
der hatte auf einem Verkehrsschild gehockt
und von dort den unschuldigen Tankstellensucher besprungen
der Arme verlor den Kanister
und ließ sich nun weg von der Teerstraße
in die morastigen Felder reiten
Bauern sahen wie ihn der Bygufow durch ein Birkengehölz
auf einen frisch umbrochenen Acker lenkte
wo beide in einem Pulk von Krähen verschwanden
und nur ein bekritzelter Zettel blieb auf dem Acker zurück

dies ist der entsetzliche
brgufow

Davor hat Superman Angst

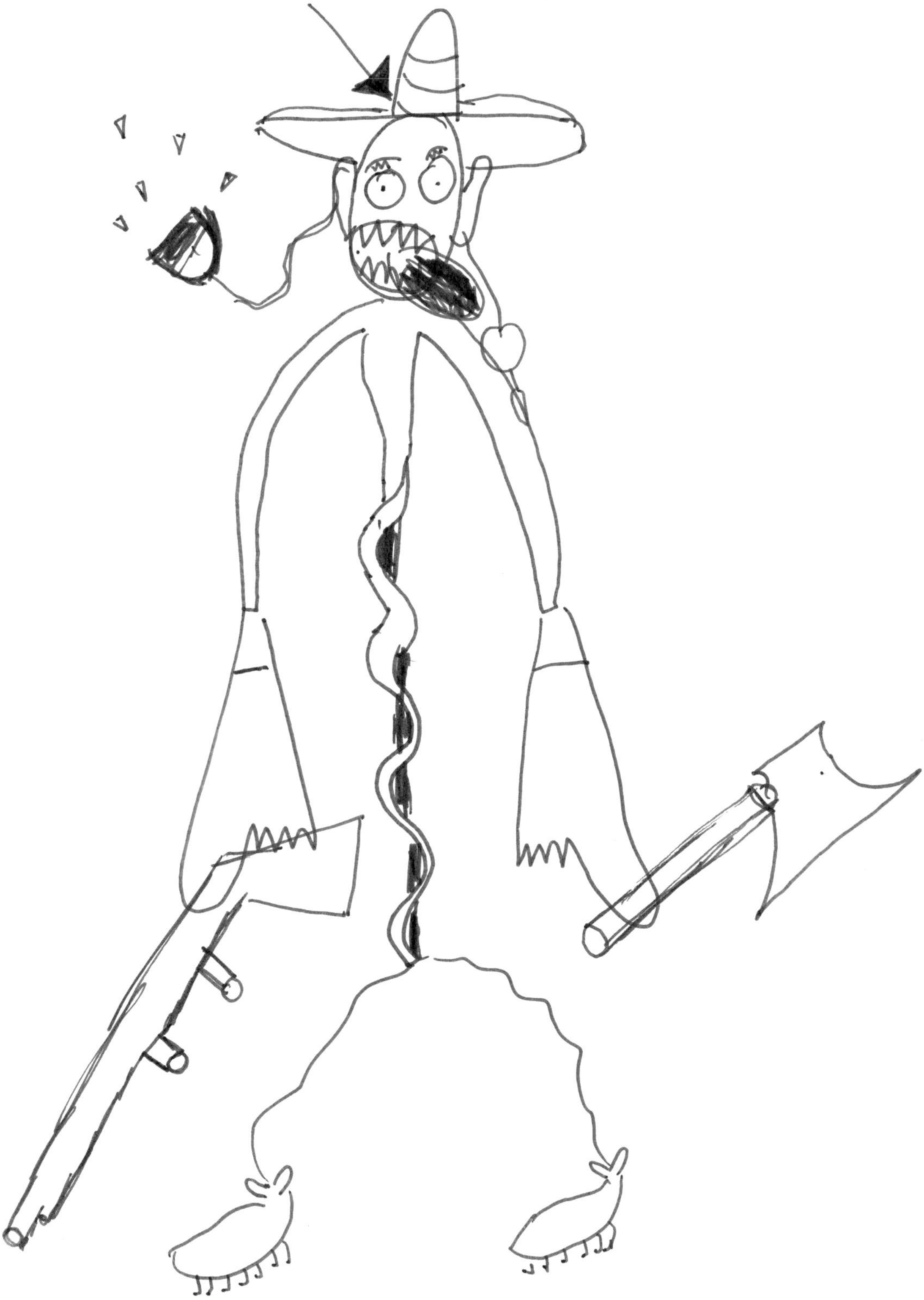

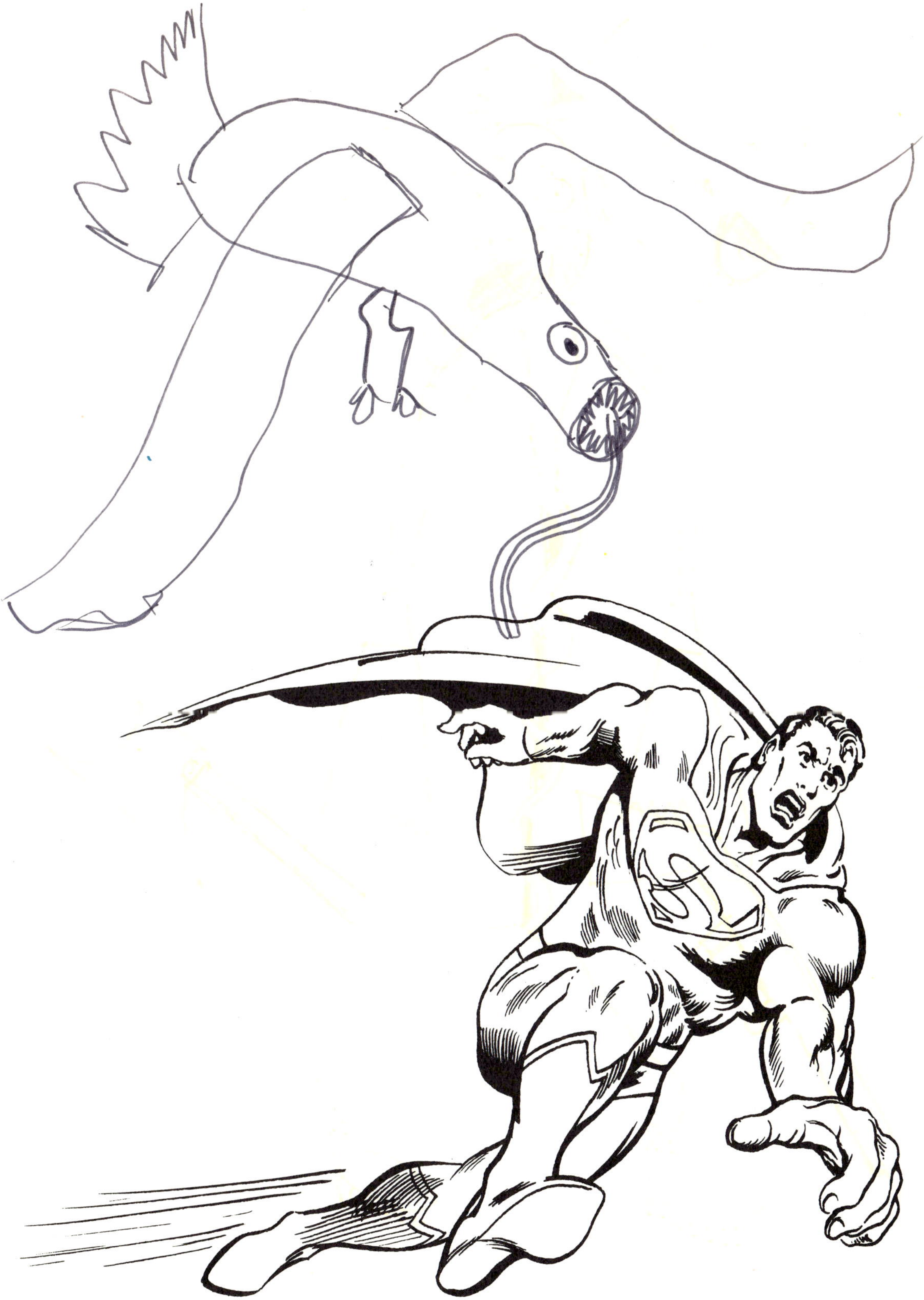

Hier stimmt doch was nicht

Eine Rose   ist eine Rose   ist eine Rose

Brot auf grünem Brett

Ein Stück Käse als Torte bemalt

Hier stimmt doch erst recht nichts

Hier stimmt doch ganz und gar nichts

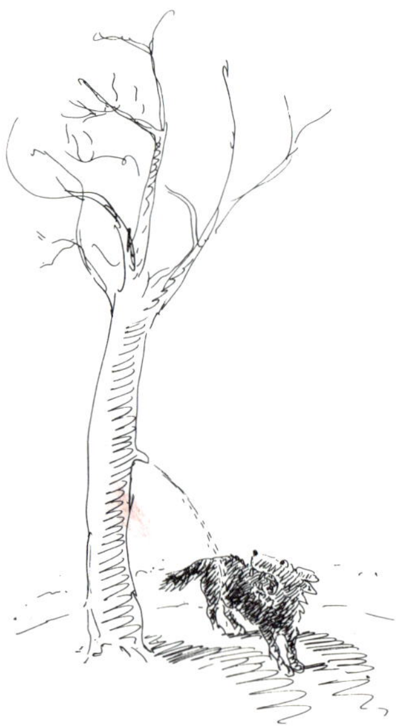

Michael + Monika
So ist das Leben
Wenn Michael + Monika sich ganz ganz lieb haben...
...dann kommt der Klapperstorch und beißt Monika...
... ins Bein...
...dann bekommt Monika ein süßes kleines Kindlein.
Während Monika sich um ihr Kind sorgt...
... arbeitet Michael, damit sie recht bald reich werden.
Und wenn sie tot sind, kommt ein Brieflein zu dir...
... mit Hundert tausend Mark!
So lieb haben dich Michael + Monika

Opa Hucke
ist dabei, in:
Harald brütet
Weißt du Schon das Neuste? Harald brütet
Er sitzt auf Hühner-eiern
Er will Küken kriegen
So dusselig ist der
Wieviel Küken sollen's denn werden?
Gib Antwort, Kleiner, wenn ich dich etwas frage
3
Hahaha hahaha
...und warte noch etwas, bis ich mich fortgeschli-chen habe
He Leute, kommt mal her. Hier gibts was zu lachen
Der Typ hat die aus-gebrütet?
Ja
Toll
Pip Pip
Hallo Harald, hast es endlich geschafft?
Pip Pip Pip

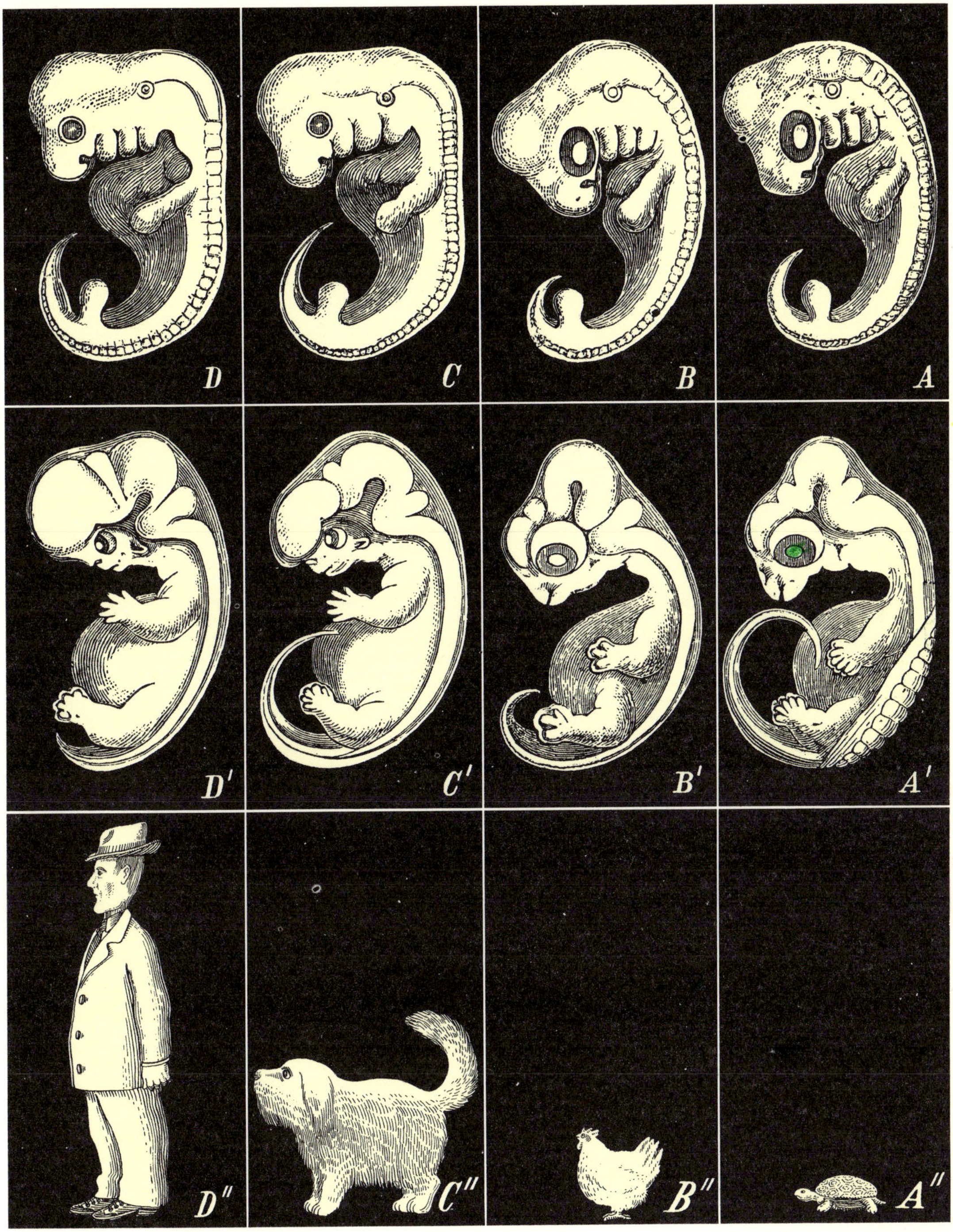

Weißt du noch?
Als wir vier Wochen alt waren, sahen wir vier wie Vierlinge aus.
Das wurde schnell anders.
Und heute?

In der Superschule

Wußtest du schon, daß 2 Kinder + 3 Apfelsinen = 2 Erwachsene ergeben?

2 Kinder

2 Erwachsene

Dies ist der Platz
für ein Foto von dir
und deinem Freund
oder von dir
und deiner Freundin

Und dies ist der Platz
für das Foto,
auf dem ihr beide
Erwachsene
geworden seid

Robert sieht den Fernsehfilm ›Die Bärenjagd‹

Abenteuer mit Klaus

Die Sau von Bauer Heitmann hatte 11 Ferkel bekommen. Eine ganze Fußballmannschaft. Der Mittelstürmer hatte einen schwarzen Fleck auf dem Po. Er war mein Lieblingsferkel.
Da bekam die Sau einen Rappel und fraß ihre eigenen Ferkel. Ich schrie: »Die Sau dreht durch, die Sau dreht durch!« Frau Dobke hörte mich, schaute in den Schweinekoben und schüttelte mißbilligend ihren Kopf.
»Die Sau darf mein Lieblingsferkel nicht fressen! Was mach ich nur, wenn sie mein Lieblingsferkel frißt?«
»Klau's dir doch«, sagte Frau Dobke. Das war die beste Idee, die Frau Dobke je gehabt hat. Ich langte durch die Öffnung über dem Futtertrog, griff mir den quiekenden Mittelstürmer und lief mit ihm in meine Höhle.
»Klau's dir doch«, hatte Frau Dobke gesagt. Ihr zu Ehren nannte ich mein Ferkel Klaus – Klaus Dirdoch. Er wurde ein wunderschönes Ferkel, hörte zwar nach 4 Wochen auf zu wachsen, war dafür aber schneller, klüger und freundlicher als alle Ferkel der Welt.

Der Traum der Maus

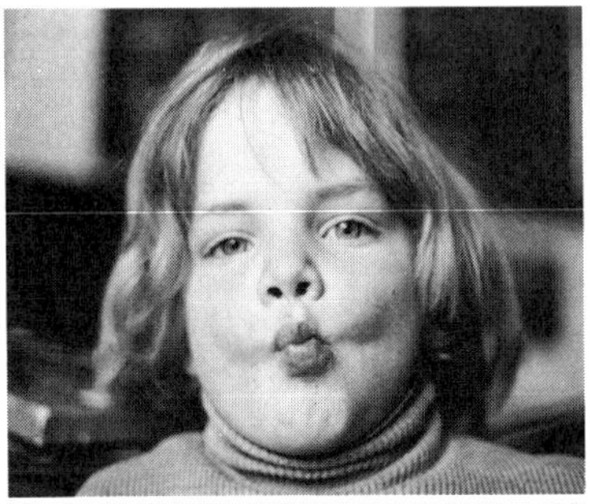

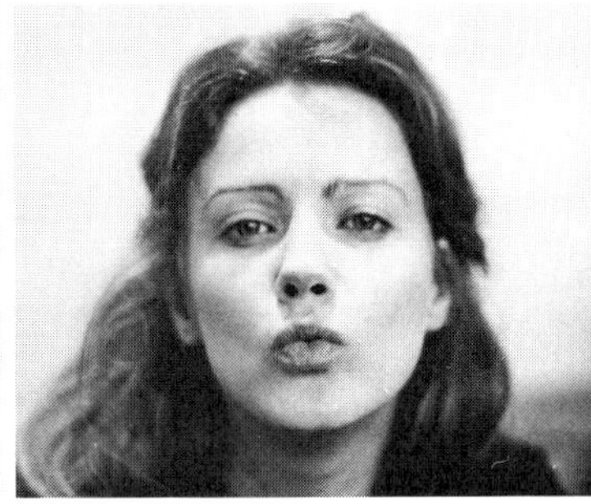

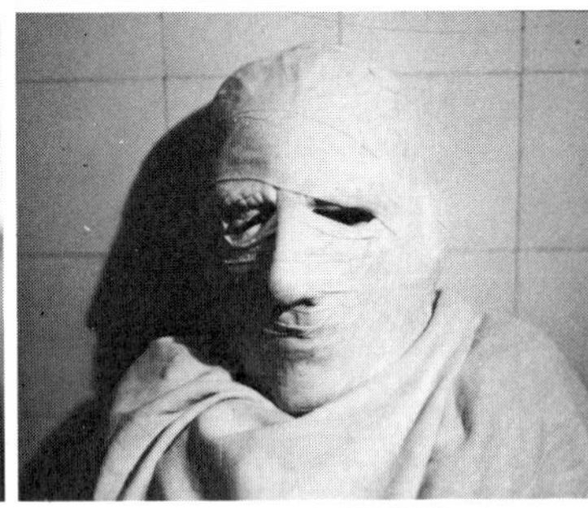

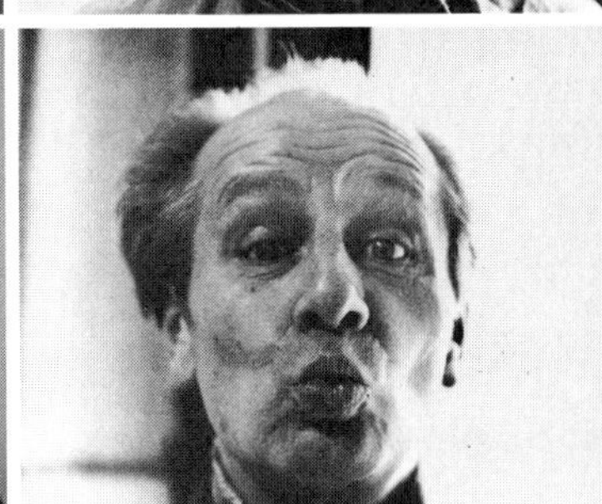

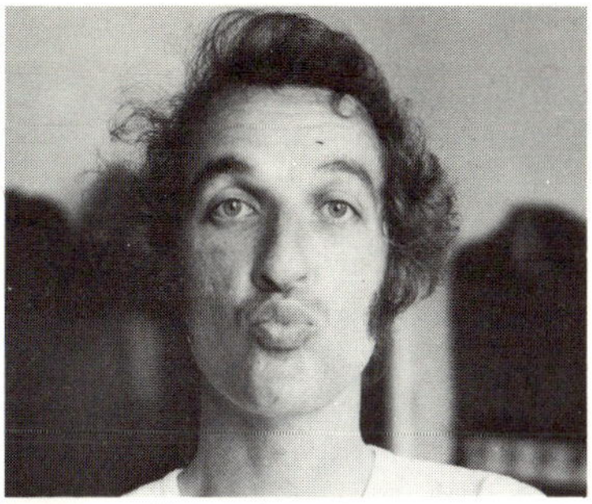

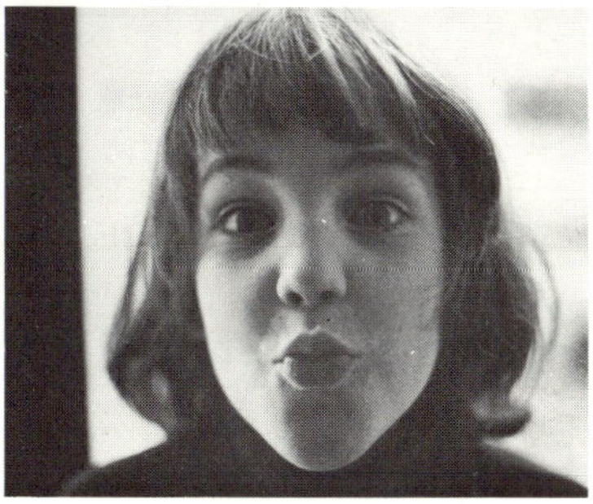

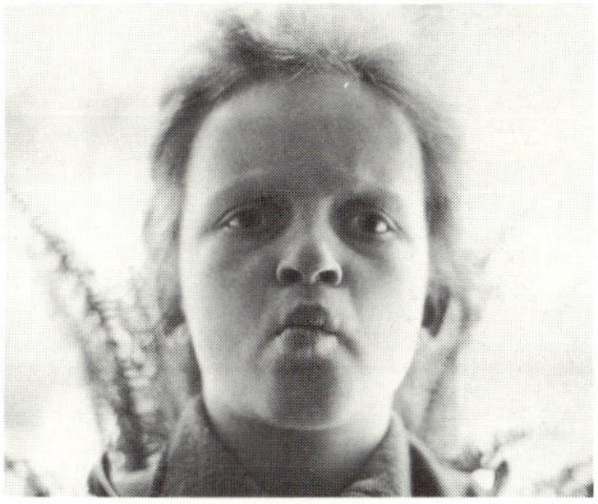
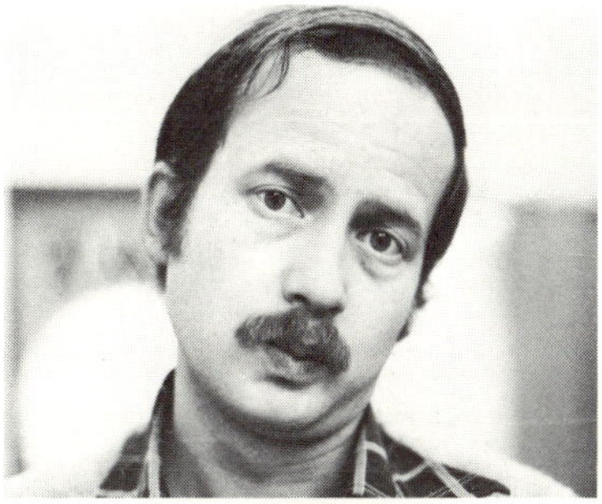

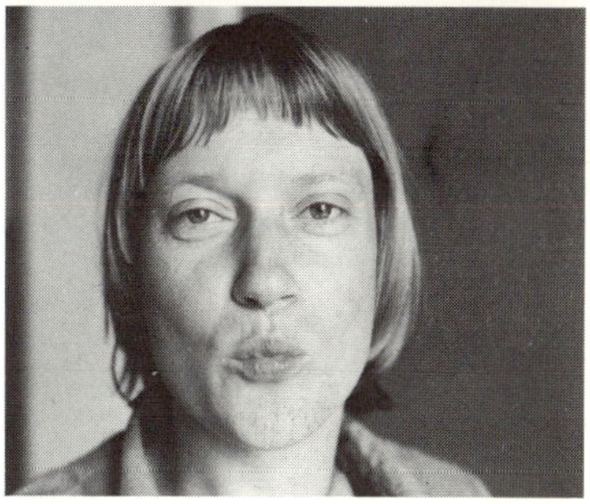
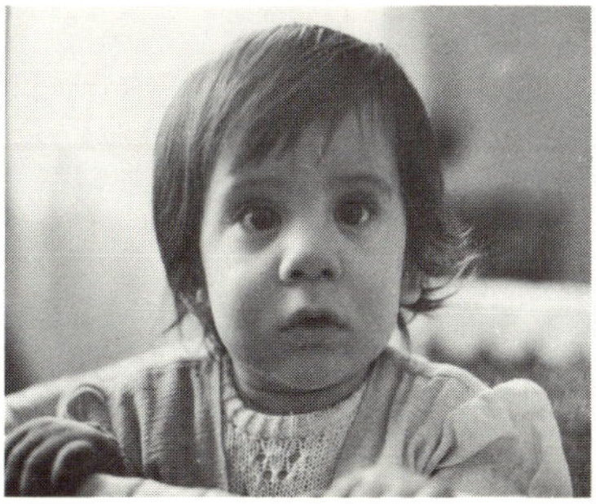

Ich bin die Maus.

Dies ist mein Haus.

Mach ich ein Feuer,

brennt's ungeheuer,

brennt gar mein Haus.

Ich arme Maus!

Brennt's immer mehr:

He, Feuerwehr!

Spritzt aus dem Schlauch,

dicht quillt der Rauch. Das Feuer ist aus.

Wo ist mein Haus? Es liegt in Schutt total kaputt. Wer baut es wieder auf? Du?

Frankfurt, 5.5.1967

Liebe(r) ,

zuerst war »Opa Hucke's Mitmachkabinett« ein Raum mit Mal- und Bastel-Material. Dorthin kamen Kinder und konnten so ähnliche Sachen machen wie Du mit diesem Buch. Dabei haben wir viele neue Spiele erfunden. Das war ein echtes Mitmachkabinett.

Jetzt ist ein Buch daraus geworden. Das hat den Nachteil, daß ich nicht mehr sehen kann, was die Kinder alles daraus gemacht haben, aber es hat den Vorteil, daß viel mehr Kinder mit mehr Ruhe und mehr Zeit alles anschauen können und weitermalen und weiterschreiben können.

Schade, daß ich das nicht sehen kann! – Aber vielleicht schickst Du mir etwas? Hier ist auf jeden Fall die Anschrift:

Beltz und Gelberg
Opa Huckes Mitmachkabinett
Postfach 1120
694 Weinheim

Und noch etwas:
Was der Opa Hucke auf den letzten Seiten sagt, sollen nur Anregungen sein, wie Du mit den Sachen im Buch spielen kannst. Du kannst auch ganz anders damit spielen!

Der Spaß beim machen ist viel wichtiger als das Ergebnis! Machs gut, Tschüß, grüß alle!

Fritz

Dies → ist unser letztes gemeinsames Bild

Ich helfe Dir

Seite 1 Wenn unten auf einer Seite mein Kopf  auftaucht, dann heißt das: Ich hab' dir noch was zu sagen. Und was ich dir zu sagen habe, steht hier – hinten im Anhang – auf den Seiten 120 bis 129.

Seite 8 Wenn du dem Löwen die Zunge freischneidest (an der Pünktchenlinie entlang) und unter seiner Schwanzwunde einen Schlitz machst, kann der Löwe seine Wunde lecken. Das hilft ihm. Und dem kleinen, frechen Mädchen auf der anderen Seite hilft es sicher auch ein bißchen.

Seite 10 Das unbekannte Weltraumwesen sieht genauso aus, wie du es dir vorstellst. Mit einem spitzen Stift kannst du es in seine gläserne Kapsel hineinmalen.

Seite 11 Wie das Märchen vom roten Gaul weitergeht, sollst du selber sagen – oder malen, weil du andere Wünsche hast als ich.
Es kann gut sein, daß in diesem Buch zu wenig Platz ist für dein Märchen. Dann beschaff' dir ein leeres Buch oder Heft und kleb' das Etikett ›Opa Huckes Mitmachkabinett Nr. 2‹ drauf (das findest du auf der Seite 75). Da hast du Platz für mehr Märchen, Bildergeschichten und so weiter.

Seite 12 Noch neuere Erfindungen zeichnest du in ›Opo Huckes Mitmachkabinett Nr. 2‹.
Wenn du es noch nicht hast, mach es dir. Wie, erfährst du auf Seite 75.

Seite 14 Was ist das? Ein chinesisches Gedicht? Auf einer chinesischen Schreibmaschine geschrieben? – Lilalutsch wil fahlen mit dei Kutsch?
Es ist ein deutsches Gedicht auf einer deutschen Schreibmaschine geschrieben – allerdings in Geheimschrift – für jeden Buchstaben ein anderes Zeichen.
Wer die Geheimschrift knackt, ist ein schlauer Bursche oder ein plietsches Mädchen. Das sagt kein Geringerer als euer Opa

Seite 16 Was der Biber Paul weiter erlebt, sollst du malen. Und wenn dir zuviel Abenteuer einfallen, dann kommen die in ›Opa Huckes Mitmachkabinett Nr. 2‹.

Seite 18 Dies ist ein Suchbild. Aber wenn du wissen willst, was du suchen sollst, dann verrate ich nur soviel: was du suchen sollst, ist nicht nur im Bild, sondern auch im Wort versteckt (so wie OPA in AUTOPANNE versteckt ist).

Seite 19 In jeder Bildunterschrift fehlen 2 Wörter. Beide werden gleich ausgesprochen. Na?

Seite 20 Dem vornehmen Herrn ist sein Hahn entlaufen. Schön, wenn du ihm bei der Suche helfen willst; jedoch, ich rate dir: paß auf, daß du nicht auch verrückt wirst dabei.

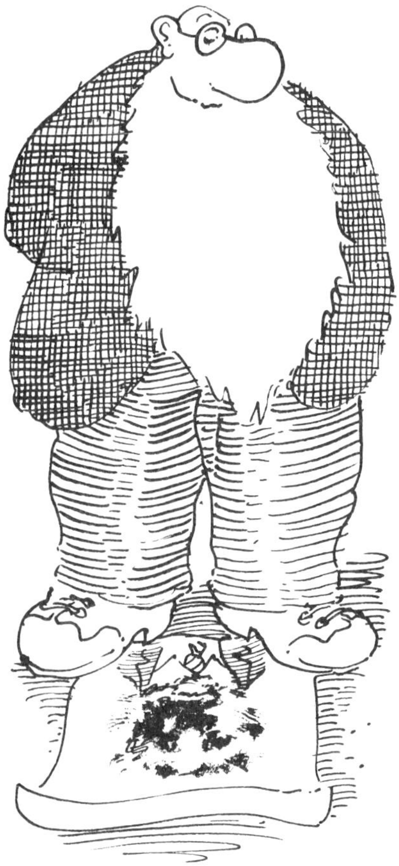

Seite 31 Weißt du, daß jeder Mensch Karikaturen machen kann!? – komische ausdrucksvolle Gesichter? Nimm einen Fleck, ein Gekrakel, Gemuschel, ein verschmiertes Weißnichtwas, schau dir das lange an, dreh's hin und her und du entdeckst ein Gesicht. Vielleicht mußt du noch ein, zwei Striche dazumachen und es wird ganz deutlich ein freches, trauriges, blödes, schreckliches, verschmitztes oder bösartiges Gesicht.

3 Herren mit einem 5-Marks-, einem Daumen- und einem Korks-Gesic

Seite 32 Welches Lied singt Herr Grapsch? Es ist die 1. und die 3. Strophe eines bekannten Volksliedes.

Seite 34 In dem Buch ›Die Kronenklauer‹* steht der Anfang einer Geschichte, die geht so: *Im bol ierdon ier Bunk, zil foggi mphbolhi Kämhi* und so weiter. Die Geschichte ist in einer Geheimschrift geschrieben, die war so schwer zu entschlüsseln, daß die wenigsten sie rausbekommen haben. Hier ist die Geschichte richtig, allerdings nur der Anfang.

Seite 35 Das ist ein Stückchen Märchen. Es fehlt nur noch ein Stückchen davor und ein Stückchen danach und ›das Märchen von der Maus und der Sau‹ ist fertig.

* 1972 im Rowohlt Verlag erschienen.

Seite 39 Briefmarken werden immer viel größer entworfen und dann erst verkleinert, weil es zu schwierig ist, so winzig zu zeichnen. Probier's mal.

Seite 41 Wenn du die beiden Ecken abschneidest und vertauscht wieder anklebst, mit einem Klebestreifen zum Beispiel, dann verändert sich zwar nicht sehr viel, aber doch ganz schön wenig.

Seite 43 Schau dir den Typ an, der da eine Kerze in die Luft schlägt. Selbst der ist aus dem Schnrpl gemacht.

Seite 44 Kneif ein Auge zu und schau dir den Salat ganz schräg an. Da steht was geschrieben. Es ist von mir und direkt an dich gerichtet.

Seite 45 Bei dieser Fotogeschichte fehlt der Text. Du mußt ihn dir dazudenken.

Seite 48 Dies ist eine Seite aus einem Abenteuerbuch. Das Buch liegt an einem geheimen Ort in einer Tarnkappe eingewickelt, so daß kein Mensch es jemals finden kann. Nur diese eine Seite ist uns auf geheimnisvolle Weise erhalten geblieben. Vielleicht reicht sie aus, daß du dir das Abenteuer weiterreimen kannst.

Seite 49 Wenn du die nächsten 9 Seiten (die Pünktchenlinie entlang) in 2 Hälften schneidest, dann kannst du aus den 9 Bildern 81 verschiedene zusammensetzen. Und auf den Rückseiten sind wieder 9 Bilder, aus denen werden auch 81, allerdings nur, wenn du die 7 halbleeren Seiten zu Ende zeichnest. 7 halbe Bilder von dir und du bekommst 162 ganze von mir, wenn das nix ist!

Seite 67 Wenn du mitten auf diese Seite einen kleinen Öltropfen fallen läßt, dann hat dies Buch einen Fettfleck, und niemand darf darüber meckern, weil der Fleck ein Kunstwerk ist (steht ja drunter). Wenn du aber nicht willst, daß sich der Fettfleck gleich durch mehrere Seiten frißt, mußt du etwas unter die Seite 67 legen.

Seite 68 Hast du die Seite 67 schon gemacht? Dann halte mal diese Seite gegen's Licht. Siehst du, die Sonne scheint wieder, der Rasen ist gleich trocken, wir können weiter Fußball spielen.

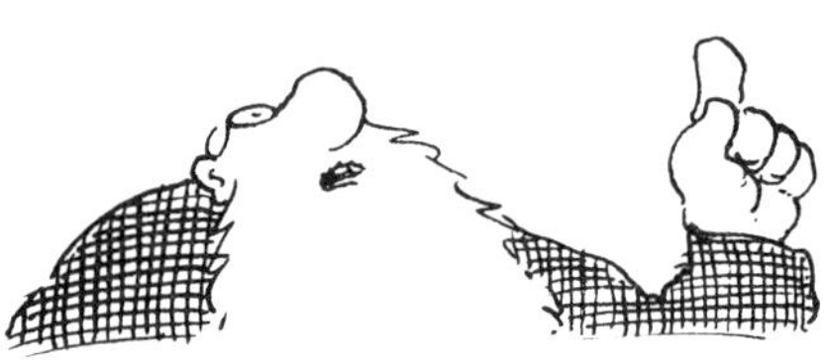

Seite 69 Diese beiden Gedichte sind so zu lesen: siehst du einen , liest du Bär. Dann klingt  LIN wie Berlin und  OVER wie Hannover.

Seite 70 Wenn die Geschichte vom Pinkelhund fertig werden soll, braucht du einen Gelbstift und einen Grünstift.

Seite 74 Auf der Brücke geht ein Monster
still und leis an mir vorbei,
und es scheint, als ob das Monster
sehr vor mir erschrocken sei.
Zu diesem schönen Gedicht einer schönen Frau sollst du ein Kunstwerk machen, eine Papierplastik! So soll's aussehen, wenn's fertig ist.

Alles was weiß ist, wird weggeschnitten. Und die Landschaft mit dem Fluß auf den Seiten 74 und 77 stell' ich mir noch viel schöner vor. Du machst das schon.

Seite 78 Ich bin der Seebär, und du?

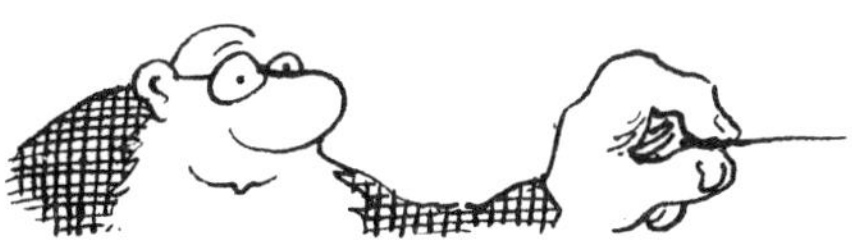

Seite 80 Der verrückte Jäger ballert 100 Löcher in den Nebel (du piekst sie in die Seite 81).

Seite 82 Wenn du keinen Stern am Himmel siehst, dann nur deshalb, weil der verrückte Jäger auf Seite 80 noch nicht losgeballert hat.

Seite 83 Dies ist ein Suchbild wie auf der Seite 18 und es funktioniert ganz genauso.

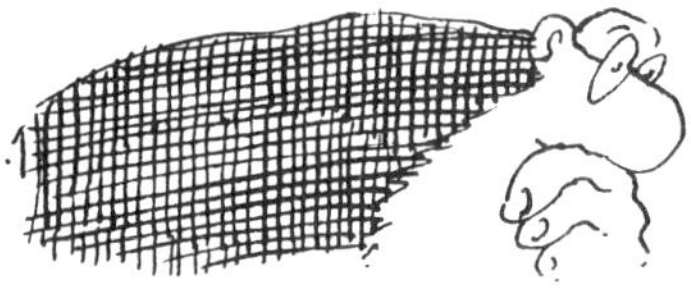

Seite 85 Dies ist ein Suchbild. Es funktioniert wie das auf der Seite 18 und das auf der Seite 83. Ich finde es am schwersten.

Seite 86 Wenn du eine Blau-, Him-, Stachel- oder sonstwie -beere in die Mitte der Seite 86 legst und ihr eins auf den Deckel gibst, so etwa,

dann hat der Herr auf der nächsten Seite endlich einen Grund für sein Ärger-Lied.

Seite 87 Das Lied, das dieser Herr singt, kommt in einem Kinderstück vor, das Fritz für ein Theater geschrieben hat. Als der Theaterdirektor das las, ärgerte er sich: ›Das ist wohl das einzige, was die Kinder in diesem Stück lernen sollen!‹
Ist ein Wort dabei, das du noch lernen mußt? – Nein? Dann erfinde eine schöne Melodie, damit du das Lied dem Direktor vorsingen kannst, falls er dich ärgert. Vielleicht muß der sich darüber so sehr ärgern, daß er mitsingt!?!

Seite 89 Dies ist ein Bild aus einer Geschichte, die es noch nicht gibt – es sei denn, du denkst sie dir aus.

Seite 90 Dies ist eine ganz alltägliche Bärengeschichte. Kennst du solche Bären? Es gibt sehr viele von ihnen. Sie sind unsicher und wissen nicht, was sie wollen. Darum können andere ihnen so schön erzählen, was sie sollen.

Seite 92 Wer ist der entsetzliche Bygufow? – Weißt du, wie die Bauern es herausbekommen haben? – Sie haben den Zettel auf den Kopf gestellt und vor den Spiegel gehalten. Da tauchte im Spiegel ein ganz neues Wort auf. Die Bauern sind zum Pfarrer gelaufen, der ein Lexikon hat. Darin haben sie das Wort gesucht und gefunden. Nun wissen sie, was der entsetzliche Bygufow für einer ist.

Seite 94 Wovor Superman Angst hat? Mal's hinein, dann siehst du es. In einem Superman-Heft* habe ich gelesen, daß Supermans Superkräfte schwinden, wenn er nicht mehr gebraucht wird. Also muß er selbst vor dir Angst haben, wenn du ohne ihn auskommen kannst. Wenn ihn keiner mehr braucht, wird er schwächer als jeder normale Sterbliche und muß in einem Rollstuhl durch Metropolis fahren.

Seite 103 Da ist was falsch. Das Huhn (B) sieht schon nach 4 Tagen so aus wie der Mensch, der Hund und die Schildkröte nach vier Wochen aussehen.

Seite 104 ›Die eiserne Tür‹ heißt eine Geschichte, die noch ausgedacht – oder geschrieben – werden will.

* Im Superman-Heft 11 vom 29. Mai 1971.

Seite 105 Auf den nächsten drei Seiten sind Sprechblasenbilder. Die Sprechblasen sind noch leer und wollen voll werden.

Seite 108 Mit einem Fotoapparat kannst du beweisen, was da gezeichnet ist, nämlich wie du und dein Freund (oder deine Freundin) mit 3 Apfelsinen zu Erwachsenen werden.
Wenn du keinen Fotoapparat hast, erzähl einem, der einen hat, was du beweisen willst. Er wird bestimmt mitmachen und euch fotografieren, weil so ein Experiment auch die lahmste Ente interessieren muß.

Seite 109 Was macht Robert nach dem Fernsehfilm?

Seite 110 Kannst du dir vorstellen, daß du mit dem kleinen, aber außergewöhnlich klugen, geschickten und schnellen Ferkel befreundet bist und Abenteuer erlebst? Wenn dir solche Abenteuer einfallen, kannst du sie in dein Heft schreiben – das mit dem Etikett: ›Opa Huckes Mitmachkabinett Nr. 2‹ – du kannst sie aber auch mir schicken. Meine Anschrift steht auf der Seite 118.
Vielleicht gibt es schon nächstes Jahr ein Buch mit dem Titel: ›100 Abenteuer mit meinem Ferkel Klaus‹, ausgedacht von 100 Kindern, und du bist auch dabei.
Und wenn du noch nicht schreiben kannst, erzählst du die Abenteuer mit Klaus einem Größeren, der schreiben kann.

Seite 111 Wer träumt was? Und wie geht der Traum weiter?

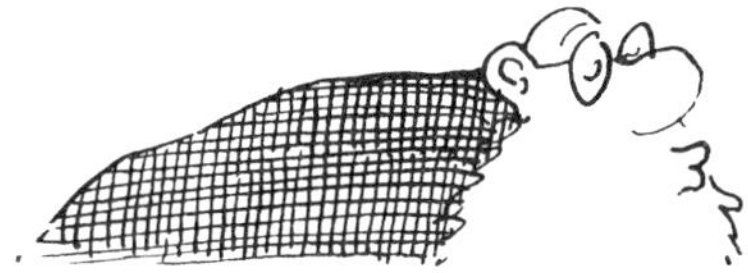

Seite 112 Unglaublich! Wenn du die Seiten 112 und 113 zusammenklappst, dann küssen sich im selben Augenblick 30 Menschen. Hörst du es leise schmatzen?

Seite 114 Für diese Mausegeschichte brauchst du einen Rotstift und einen Gelbstift für das Feuer, einen Blaustift für das Wasser und einen Bleistift für den Rauch.

Seite 116 Dies sind die beiden letzten Bilder zu den beiden letzten Geschichten, die du dir ausdenkst, wenn du magst.

Raum für das
Lichtbild

Dies Buch habe ich angefangen

Name Friedrich Karl Waechter

Alter 38

mitgemacht haben noch

Inge-Maren Hammerich

Robert Waechter

Hanne Kulessa

Moritz Waechter

Und ich habe es fertiggemacht

Name

Alter

mitgemacht haben noch

F. K. Waechter · Spielbücher im Programm Beltz & Gelberg, Weinheim

BRÜLLE ICH ZUM FENSTER RAUS
Mit Fotos von Inge-Maren Hammerich
Kinderrollenspiele mit Texten zum Singen
4. Auflage (31. Tausend), Pappband, 48 Seiten, DM 12,80

DREI WANDGESCHICHTEN
Drei große Wandposter in Schatulle:
»Bitte recht feindlich« (vierfarbig), »Ein Streichholz für Hugo«,
»Der König der Eichhörnchen wechselt den Baum«.
3. Auflage (30. Tausend), Schatulle, DM 16,80

FÜHLMÄUSE (in der Reihe »Gelberg Extra«)
Spiele und Bilder zum Mitmachen.
1. Auflage (15. Tausend), Broschur, 64 Seiten, DM 10,80

OPA HUCKES MITMACH-KABINETT
Spiele für viele zum Mitmachen
2. Auflage (25. Tausend), Leinen mit Umschlag, 132 Seiten, DM 22,–
3. Auflage (35. Tausend), als preiswerte Sonderausgabe

SPIELE
Spiele und Bilder zum Mitmachen
2. Auflage (16. Tausend), Leinen mit Umschlag, 88 Seiten, DM 22,–